Thomas Achelis
Die Religionen der Naturvölker im Umriß

Herausgegeben und mit einem Vorwort versehen von Christiane Beetz

Reihe ReligioSus, Band V

Achelis, Thomas: Die Religionen der Naturvölker im Umriß.
Hamburg, SEVERUS Verlag 2011.
Nachdruck der Originalausgabe, Berlin und Leipzig 1919.

Reihe ReligioSus: Band V,
Herausgegeben von Christiane Beetz

ISBN: 978-3-86347-049-4
Druck: SEVERUS Verlag, Hamburg, 2011

Bibliografische Information der Deutschen Nationalbibliothek:
Die Deutsche Nationalbibliothek verzeichnet diese Publikation in der Deutschen Nationalbibliografie; detaillierte bibliografische Daten sind im Internet über http://dnb.d-nb.de abrufbar.

© **SEVERUS Verlag**
http://www.severus-verlag.de, Hamburg 2011
Printed in Germany
Alle Rechte vorbehalten.

Der SEVERUS Verlag übernimmt keine juristische Verantwortung oder irgendeine Haftung für evtl. fehlerhafte Angaben und deren Folgen.

SEVERUS
Verlag

Vorwort der Herausgeberin zur Reihe ReligioSus

Die Suche nach Antworten auf die Fragen ‚Wo komme ich her? Wo gehe ich hin? Warum gibt es mich?' sind elementarer Bestandteil unseres menschlichen Daseins. Religionen haben Menschen in jedem Zeitalter dabei geholfen, diese Fragen zu ergründen. Jede Religion hat dabei im Laufe der Jahrhunderte einen eigenen Weg gefunden, dem Sinn des Lebens nachzuspüren. Die monotheistischen Religionen Christentum, Islam und Judentum mit dem unsichtbaren, allgegenwärtigen Gott erklären die Erfüllung jeglicher Existenz mit der Anbetung des einen Gottes. Andere Religionen wie der Buddhismus oder der Konfuzianismus lehren ein Leben nach ethischen Grundsätzen, die weniger auf einem Glauben an einen einzigen Gott als auf philosophischen, humanistischen Ideen beruhen.

Religionen sind ein Spiegelbild der Menschheit in der Welt. Mit ihren jeweils ganz unterschiedlichen Ansätzen prägen Religionen die Kulturen, in denen sie gelebt werden. Sie beeinflussen das menschliche Handeln, Denken und Fühlen mit ihren Gottesvorstellungen oder Weltanschauungen. Oft genug gaben religiöse Auslegungen den Anlaß für kriegerische Auseinandersetzungen. Sie sind aber auch immer wieder ein Leitfaden für einen toleranten, menschenwürdigen Umgang mit dem Nächsten.
Frauen und Männer haben sich zu allen Zeiten mit den verschiedenen Glaubenslehren beschäftigt. Oft waren es tief gläubige Menschen, die ihre Erfahrungen mit dem Außergewöhnlichen aufgeschrieben haben. Aber auch kritische Auseinandersetzungen mit den Mißständen der Religionen gehören zur jeweiligen Epoche. Die Bücher all dieser Menschen sind Dokumente ihrer Zeit, sie geben Aufschluß über die Geschichte und Geschichten der Religionen.

Die Reihe „ReligioSus" hat es sich zur Aufgabe gemacht, längst vergessene Dokumente einem breiteren Publikum wieder zugänglich zu machen. Unabhängig von Religion und Einstellung zu derselben bieten die Bücher dieser Reihe einen generellen Einblick in die Welt der Religionen. „ReligioSus" vereint Werke, die sich auf unterschiedlichste Weise mit dem Phänomen Religion und deren Beeinflussung unserer Wertvorstellungen beschäftigen. Auf diese Weise soll mit „ReligioSus" die Vielfalt religiöser Dokumente, die die jeweiligen Fragen und Auseinandersetzungen ihrer Zeit aufgenommen haben, aufgezeigt werden.
Soweit möglich erfolgt ein originalgetreuer Nachdruck. Wo es notwendig erscheint, werden die Texte in das heutige Schriftbild übertragen. Eine inhaltliche Veränderung findet nicht statt.

Christiane Beetz, Herausgeberin

Christiane Beetz, geb. 1965 in Hamburg, studierte Germanistik, Religionswissenschaft und Alte Geschichte. Nach einigen Jahren im Buchhandel arbeitet sie jetzt als Lektorin. Außerdem ist sie ausgebildete Prädikantin und schreibt freiberuflich für die „Evangelische Zeitung".

Vorwort zum Buch

„Alle Religionen, sie mögen schließlich noch so sehr variieren, stellen eine organische Einheit dar und lassen deshalb typische, stets wiederkehrende Züge erkennen." (Thomas Achelis)

Thomas Ludwig Bernhard Achelis (1850-1909), Bremer Religionswissenschaftler, Pädagoge und Ethnologe, veröffentlichte 148 Werke, die in 9 Sprachen übersetzt wurden. In seinem Buch „Die Religionen der Naturvölker im Umriß" aus dem Jahr 1909 beschreibt er die verschiedenen Bestandteile, die seiner Meinung nach alle Religionen – archaische Natur- ebenso wie weiterentwickelte Kulturreligionen – aufweisen. Er untersucht dabei die Begriffe der ‚Seele' und des ‚Jenseits' sowie die Formen der Offenbarungen durch die Götter. Achelis stellt fest, dass ein in allen Religionen auftretender Kultus, präsentiert durch Opfer oder Gebet, ein „unlösliches Glied der Religion überhaupt" ist. Dabei sieht er durchaus Parallelen zwischen Anbetungen von Naturerscheinungen und den heutigen Weltreligionen. Ein Baum als Gegenstand göttlicher Verehrung findet sich im Animismus, aber auch als Ableitung dieses Kultes im Buddhismus mit der Verehrung des Bodhibaumes, unter dem Buddha die Erleuchtung erreichte. Auch die Verehrung von Steinen lässt sich nicht nur in frühgeschichtlichen Kulten beobachten, siehe die Moais auf den Osterinseln, sondern auch in Mekka, wo ein Stein in die Mauern der Kaaba, des höchsten islamischen Heiligtums, eingemauert ist.

In einem zweiten Teil untersucht Thomas Achelis die Entwicklung der Religionen. Er unterteilt dabei in eine untere und eine höhere Entwicklungsstufe. Eine noch gänzlich naturverbundene Anschauung, die in den Naturerscheinungen göttliche Kräfte sieht, steht am Anfang der nur allzu menschlichen Sehnsucht nach Schutz und Hilfe durch höhere Mächte. Hier bestechen die Götter noch durch übernatürliche Kräfte, gelten als unbesiegbar und herrschen über die Natur:
„Alle Vorgänge, vor allem die großen Wendepunkte unseres Daseins, Leben Krankheit und namentlich Tod, sind Wirkungen dieser geheimnisvollen göttlichen Macht."
Erst später kommt der Begriff der Sittlichkeit hinzu, wie z.B. im Judentum und im Christentum – wobei Achelis nicht abwertet, sondern allenfalls verschiedene Stufen in der Entwicklung von Religionen sieht:
„Jeder sog. Wilde trägt in sich ein Stück der Kultur, aber latent, im Keim für eine spätere Entwicklung, und ebenso weist für einen schärferen Blick unsere hochgerühmte Gesittung manche unzweideutige Bestandteile auf, die einer längst überwundenen Weltanschauung angehören – namentlich liefert dazu das weite Gebiet des Aberglaubens ein sehr reiches Belegmaterial."

Thomas Achelis zeichnet in seinem Buch einen weiten Bogen von naturverbundenen Religionen wie Animismus, Fetischismus und Schamanismus bis hin zu heutigen Weltreligionen. Dabei streift er auf seiner Reise durch die Religionen um die ganze Welt. Er beschreibt religiöse Kulte der Azteken und Mayas, erzählt von der polynesischen Mythologie ebenso wie von den religiösen Vorstellungen der antiken Großmächte Rom und Griechenland. Indianische Gebete, chinesischer Ahnenkult, germanischer Opferritus – all das bringt Achelis wie in einem Kaleidoskop zusammen. Er geht dabei sowohl

vertikal, d.h. die Geschichte der Religionen beschreibend als ein historisch sich entwickelnder Vorgang, als auch horizontal, religiöse Phänomene gleichrangig vergleichend, vor.
Für Achelis ist unsere gesamte Kultur durchdrungen von Religion. Kunst, Poesie, Tanz und Musik speisen sich sämtlich aus religiösen Quellen. Und schon vor 100 Jahren gab es den Konflikt zwischen Religion und Wissenschaft:
„Deshalb halten wir unbedenklich an der grundsätzlichen Einigung und dem harmonischen Einklang zwischen Religion und Kultur fest; nur dann, wenn die klar gezeichneten Grenzen zwischen beiden Gebieten willkürlich überschritten werden, wenn die Religion oder, besser gesagt, die Kirche im Dogma den freien Flug der Wissenschaft zu hemmen sucht, und wenn umgekehrt eine angeblich unbefangene, freie, von allen Vorurteilen losgelöste Forschung das tiefste religiöse Sehnen des Menschen als kindisch und rückständig hinstellt, entsteht der traurige ‚Kulturkampf', der Streit zwischen Glauben und Wissen, der auch die Stufen höherer Gesittung nicht zur vollen, organischen Blüte gelangen läßt."

Auch wenn die Begrifflichkeit des Textes manches Mal verhaftet ist im Anfang des 20. Jahrhunderts, Achelis spricht von ‚Wilden' und ‚Negern', so ist das Buch überraschend aktuell. Der Religionswissenschaftler erkennt bereits 1909 die Gefahr von religiösem Fanatismus und warnt vor der unglücklichen Verzahnung von Politik und Religion:
„…die Ausrottung Andersgläubiger, überhaupt der Fanatismus in Glaubenssachen und die so verderbliche Verquickung religiöser Vorstellungen mit der Politik u.a. sind beklagenswerte Rückständigkeiten einer einseitig dogmatischen Auffassung."

Thomas Achelis ist ein spannendes Buch gelungen, welches Religionen vergleicht und nicht bewertet. Es ist ein Text, der schon damals in neun Auflagen erschien und in seinen Schlussfolgerungen bis heute in die jeweils aktuelle Situation der Weltgeschichte passt.

Christiane Beetz, Hamburg im März 2011

Inhaltsverzeichnis.

	Seite
Literatur	4
Einleitung: Einteilung der Religionen	5

Erster Abschnitt.
Allgemeine Bestandteile der Religion.

§ 1.	Entwicklung und Bedeutung der Gottesvorstellungen	8
§ 2.	Der Seelenbegriff	19
§ 3.	Zukünftiges Leben	28
§ 4.	Offenbarung und Wunder	35
§ 5.	Der Mythus	65
§ 6.	Der Kultus	82
§ 7.	Der Priester	118
§ 8.	Geheimbünde	127

Zweiter Abschnitt.
Allgemeine Formen in der Entwicklung der Religion.

Einleitung: Begriff der Religion	136
§ 9. Unterste Stufen (Fetischismus, Schamanismus)	142
§ 10. Höhere Stufen (Polytheismus, entwickeltere Naturreligionen)	150
§ 11. Schlußbetrachtung	155
Register	162

Literatur.

Brinton, Anthopology and Ethnology. Philadelphia 1886.
— American Hero-Myths. Philadelphia 1882.
— Religions of the Primitive Peoples. New York 1897.
— The Myths of the New World. 3. ed. Philadelphia 1896.
Chantepie de la Saussaye, Lehrbuch der Religionsgeschichte. 3. Aufl. 2 Bde. Tübingen 1905.
Deussen, Allgemeine Geschichte der Philosophie mit besond. Berücksichtigung der Religion. Bd. I. Leipzig 1894.
Deussen, Sechzig Upanishad's des Veda. Leipzig 1897, 2. Aufl. 1905.
Frazer, The Golden Bough. London 1900.
Lang, Myth, Ritual and Religion. 2. ed. London 1899.
— Custom and Myth. London 1885.
— Modern Mythology. London 1897,
Orelli, Allgemeine Religionsgeschichte. Bonn 1899. 2. Aufl. Bd. I 1911.
Ratzel, Völkerkunde. 2 Bände. Leipzig 1894.
Roskoff, Das Religionswesen der rohesten Naturvölker. Leipzig 1880.
Schaarschmidt, Die Religion. Leipzig 1907.
Schurtz, Altersklassen und Männerbünde. Berlin 1902.
Tiele, Kompendium der Religionsgeschichte. 2. Aufl. Berlin 1877.
Tiele, Geschichte der Religion im Altertum. 2 Bde. Gotha 1899.
Tiele, Einleitung in die Religionswissenschaft. 2 Bände. Gotha 1899.
Tylor, Anfänge der Kultur. Leipzig 1873.
Vierkandt, Natur- und Kulturvölker. Berlin 1873.
Weinel, Die Wirkungen des Geistes und der Geister im nachapostolischen Zeitalter. Freiburg i. Br. 1899.
Wernle, Die Anfänge unserer Religion. Freiburg i. B. 1899. 2. Aufl. Tübingen 1904.
Wundt, Völkerpsychologie, besonders 2. Bd., 1. 2. 3. Teil. Leipzig 1905 ff., 2. Aufl. 1908 ff.
Verschiedene Werke Bastians.

Einleitung.

Einteilung der Religionen.

Um sich eine einigermaßen ausreichende Übersicht über das ungeheure Gebiet der Religion und damit einen befriedigenden Einblick in das gesetzmäßige Wachstum derselben zu verschaffen, bedarf es gewisser Gruppierungen und Einteilungen; wir erwähnen das Hegelsche Schema: Naturreligion, die Religion der geistigen Individualität, die absolute Religion; das Hartmannsche des Naturalismus und Supranaturalismus; das Siebecksche: Naturreligion, Moralitätsreligion, Erlösungsreligion; das Tielesche: Naturreligionen und ethische Religionen; Pfleiderer stellt naturbefangene (heidnische) den naturfreien Religionen gegenüber. Schaarschmidt dem Naturalismus den Spiritualismus; Andere, wie Orelli, folgen einer genaueren ethnographischen Darstellung, so daß gewisse kulturgeschichtliche Gruppen sich ablösen, so die turanische, hamitische, semitische, afrikanische, ozeanische usw., ohne daß ein fortlaufender geschichtlicher Zusammenhang dabei zum Ausdruck gelangt. Für den engeren Rahmen der vorliegenden Untersuchung ist eine solche detaillierte Ausführlichkeit von vorneherein ausgeschlossen, zumal es sich für uns gerade darum handelt, in all der fast sinnverwirrenden Fülle des Materials leitende, **typische** Ideen und Formen zu erfassen und so zum Allgemeinen überzuleiten. Immerhin werden wir die verschiedensten ethnographischen Einzelfälle und Beziehungen berühren und durch die grundsätzliche Gegenüberstellung von **Natur-** und **Kulturreligionen** unserer Betrachtung die eigenartige Färbung verleihen. Wir sind uns dabei wohlbewußt, daß das geistige Leben, zu dem als unablösbares Glied die Religion gehört, einen fortlaufenden Strom bildet, eine innere Einheit, die keine scharfen Abgrenzungen verträgt. Jeder sog. Wilde trägt in sich ein Stück der Kultur, aber latent, im Keim für eine spätere Entwicklung, und ebenso weist für einen schärferen Blick unsere hochgerühmte Gesittung manche unzweideutige Bestandteile auf, die einer längst überwundenen Weltanschauung angehören — namentlich liefert dazu das weite Gebiet des Aberglaubens ein sehr reiches Belegmaterial. Insofern führen beide Stufen, wie es auch gar nicht anders sein kann, ineinander über; aber trotzdem hat, was hier nicht weitläufig auseinandergesetzt werden kann, der landläufige Gegensatz von Natur und Kultur seinen wohlbegründeten Sinn, sowohl entwicklungsgeschichtlich als auch psychologisch. Wenn der einzelne Mensch, selbst in unseren Tagen, an der Überbrückung dieser beiden Gegensätze unaufhörlich arbeitet, ehe er zu der ersehnten Harmonie, zum sittlichen Gleichgewicht kommt, so ist das wohl ein Anzeichen für die Schärfe und Härte dieser

Momente in dem großen Getriebe des Völkerlebens, von dem jeder von uns nur einen verschwindenden Bruchteil darstellt. Die Völkerkunde hat im besonderen stets mit diesem Grundsatz gearbeitet und eben durch die nachhaltige Betonung der Naturvölker der bislang einseitigen geschichtlichen Betrachtung die erforderliche Ergänzung verschafft. Maßgebend aber (das möchten wir noch einmal hervorheben) ist für uns durchweg der Standpunkt der Vergleichung, der Hervorhebung des Typischen und Gesetzmäßigen bei aller ethnischen Verwirrung. Betrachten wir zunächst die allgemeinen, für die niedrigsten wie die höchsten Stufen des religiösen Bewußtseins charakteristischen Bestandteile der Religion unter besonderer Berücksichtigung der primitiven Entwicklungsphasen.

Erster Abschnitt.

Allgemeine Bestandteile der Religion.

§ 1. Entwicklung und Bedeutung der Gottesvorstellungen.

Der Glaube an Götter bildet die eigentliche Grundwurzel aller religiösen Anschauung; nur muß man auch hier keine übertriebenen Forderungen stellen, die lediglich unserer eigenen abstrakten Begriffswelt entsprechen. Überall finden wir bei den Naturvölkern Vorstellungen von mehr oder minder mächtigen, bald freundlichen, bald schädlichen Wesen, Dämonen, Geistern, Seelen, die sich über die gewöhnliche menschliche Durchschnittssphäre erheben. Wie im gegenseitigen Rangstreit der einzelnen untereinander nur die größere Stärke und Macht (zunächst rein körperlich genommen) den Ausschlag gibt, so muß naturgemäß dies Moment auch für die religiöse Welt eine beherrschende Bedeutung gewinnen. Das zeigt schon die einfache psychologische Untersuchung des Fetischismus und besonders des portugiesischen Wortes feitiço, und

Entwicklung und Bedeutung der Gottesvorstellungen. 9

dasselbe Ergebnis liefert die ethnographische Orientierung, wobei auch häufig (nicht immer) eine Beziehung zur Schöpfungstätigkeit hinzutritt. Bei verschiedenen australischen Stämmen erscheint die Gestalt eines solchen höchsten Wesens, so der Arunta, die in der Urzeit lebende Mura-mara, der schlangenartige Thalaulla, Atuatu, Baiamai, Tarrotarre usw., bei den spekulativ und phantasievoll veranlagten Polynesiern vor allem Tangaroa (mit verschiedenen Variationen), der Erde und Menschen bildet (er genießt deshalb auch Verehrung) oder Tane, der den Himmel mit Sternen schmückt und die Erde mit Bäumen, oder Maui, der Weltschöpfer und Kulturbringer, oder Milu, der Beherrscher der Unterwelt. Nicht minder reich ist der amerikanische Kontinent an göttlichen Gestalten, zum Teil sogar (wie in Peru) von überraschender Erhabenheit und Reinheit; wir erwähnen den Michabo der Algonkins, den Joskeha der Irokesen, beide sind Welt- und Menschenschöpfer, den aztekischen Quetzalcoatl, den Herrn der Winde und der Fruchtbarkeit, dessen Wiederkunft inbrünstig erwartet wird, den Bringer der Gesittung Itzamna und Kukulcan bei den Mayas und vor allem den peruanischen Viracocha, dessen Verehrung befremdliche sittliche Züge aufweist. Befremdlich deshalb, weil anfangs, d. h. auf den primitiven Gesittungsstufen lediglich oder doch vorwiegend aus sehr erklärlichen Gründen körperliche Vorzüge bewertet werden, das Sittliche ist überall ein verhältnismäßig recht spätes Entwicklungsprodukt. Auffällig ist das besonders bei der so reichen polynesischen Mythologie, was den ersten Beurteilern im 18. Jahrhundert, Moerenhout und anderen Schriftstellern, sofort entgegentrat. Übrigens bewahrt ja auch die griechische Sage vom Sturz des Uranus durch die Zeusdynastie das unverkennbare Merkmal dieser physischen Kraftüberlegenheit, die eben bei roheren Völkern noch naturalistischer und gröber hervortritt. Und nicht minder liefert dazu die mythologische Auffassung vom Kampf zwischen Licht und Finsternis, Tag und Nacht, Sommer und Winter, zwischen den wohltätigen, segensreichen, befruchtenden Gottheiten und den bösen, schädigenden, den Regen vertreibenden Dämonen den weiteren, zum Teil recht drastischen Kommentar. Diese Erhöhung des rein Menschlichen, wie sie im Begriff des Gottes liegt, ist schon um deswillen unausweichlich, weil nur dadurch die Verehrung ermöglicht wird, die eben etwas Mächtigeres, Stärkeres, Übermenschliches (freilich nicht Übersinnliches) voraussetzt. Der Naturmensch ist viel zu sehr sinnlich und viel zu wenig an abstraktes Denken gewöhnt, als daß er nicht auch seine Götter nach seinem Bilde formen sollte; denn in ihnen malt sich, wie Schiller sagt, der Mensch. Sie sind deshalb ganz und gar eingeschlossen in die Schranken von Raum und Zeit — es wird kaum der Versuch gemacht, zu einer Allgegenwart vorzudringen oder eine Allmacht sich vorzustellen. Bei der nahen Verwandtschaft zwischen Mensch und Tier erscheinen die Tiere, besonders die starken oder unheimlich tödlichen oder die mit besonderen Vorzügen begabten Vögel als Träger und Vertreter der Gottheit oder die menschlichen Glieder werden verdoppelt und verdreifacht, um damit die vermehrte Wirkungsfähigkeit anzudeuten, oder die Götter werden als Riesen gedacht, es fließt in ihren

Adern, wie Homer erzählt, kein gewöhnliches Blut, sondern ein besonderer Saft, sie bedürfen nicht der gemeinen menschlichen Nahrung, sondern des Nektar und der Ambrosia usw. Wie sie in ihrem Wissen beschränkt sind (bisweilen unterstehen sie auch einem unabwendbaren höheren Schicksal, das sie gleichfalls vernichtet, so in der germanischen Mythologie), so auch in ihrem Wirken; sie haben die Schranken des Raumes und der Zeit nicht völlig überwunden, sondern nur eingeengt, sie bedürfen der Boten, um ihre Pläne anzukündigen, anderer Personen, um ihre Absichten zu verwirklichen, oder sie müssen sich von dem eigentlichen Sitz ihrer Herrschaft entfernen, um selbst etwas auszuführen; jeder Gottheit kommt eine besondere Sphäre, ein Wohnsitz zu, in dem sie herrscht, wenn sie auch nicht daran für immer gebunden ist. Es ist ein bedeutsames Zeichen einer reiferen Gottesvorstellung, wenn Jakob überrascht bekennt, daß auch in Bethel Jave sei, an einem Orte, wo ein anderer Lokalgott regiere. Auch darin zeigt sich der naive Anthropomorphismus, daß die Götter menschliche Züge tragen, bald verzerrt in blutgieriger Grausamkeit, bald in vollendeter Schönheit und Ebenmäßigkeit, wie sie der harmonische Kunstsinn der Griechen schuf. Kann sich der an die Anschauung gebundene Naturmensch nur alles sinnlich vorstellen, so sind auch die Götter den Augen des Menschen zugänglich; erst später reift der Gedanke, daß dies eigentlich dem Wesen der Gottheit widerspricht — deshalb ist es strafbar für den Menschen, wenn er den Gott erblickt, oder der Gott verkleidet sich, sei es in menschliche oder tierische Gestalt, so daß der

Mensch gelegentlich nicht weiß, wen er vor sich hat, und mit schlichter Vertrauensseligkeit erst vorsichtig eine dahin gehende Frage stellt.

Sittliche Eigenschaften, die wir mit dem Begriff der Gottheit ohne weiteres verbinden, fehlen auf den Anfangsstufen durchweg; nur hin und wieder finden sie sich, wie z. B. bei den Peruanern in der idealen Figur des Viracocha. Meist zeigen die Götter dieselben sinnlichen Eigenschaften, wie die Menschen, Begehrlichkeit, Wollust, Grausamkeit, ungezähmte Herrschsucht, Freude am Kampf und Blutvergießen. Die babylonische Tiammat, die Gebärerin des Alls, aus der sämtliche Götter hervorgingen, will ihre Sprößlinge nachträglich vertilgen, aus Furcht, die Alleinherrschaft zu verlieren. Die meisten Götter wagen es nicht, den furchtbaren Kampf aufzunehmen, bis Marduk sich unter der Voraussetzung dazu erbietet, daß ihm dann die Herrschaft zufallen solle. Es gelingt ihm in der Tat, er besiegt das furchtbare Ungeheuer, und nun huldigen ihm alle Götter, wie es in den Keilinschriften heißt: Du bist der Höchstgeehrte unter den großen Göttern, dein Regiment ist ohnegleichen, von Stund' an wird nicht gebeugt dein Befehl, erhöhen und erniedrigen sei deiner Hand Werk. Fest sei die Rede deines Mundes, unwidersetzlich dein Wort, niemand unter den Göttern soll deinen Bereich überschreiten, dein Regiment, o Herr, habe den Vorrang unter den Göttern. Vernichten und schaffen — sprich, so geschehe es. Da die Kraft das ursprüngliche Kennzeichen der Gottheit ist (der Naturmensch erkennt bis zur heutigen Stunde keine andere Größe an), so sind die Götter demgemäß in

Entwicklung und Bedeutung der Gottesvorstellungen. 13

erster Linie Träger von Naturgewalten, und aus diesem Grunde ist der ganze buntschillernde Mythus ein phantastisches Naturgemälde. Die Gestirne, das Wasser und Feuer, hochragende Berge und Bäume, Tiere usw. werden als Götter verehrt und durch Zauber und Opfer dem Menschen freundlich gestimmt. Ein uralter Dualismus scheidet die Olympier in gute und böse Gottheiten, — gerade die letzteren werden vielfach besonders geehrt, um ihren verderblichen Wirkungen vorzubeugen, und hieran wird sich eine allmähliche Gegenüberstellung des sittlichen Guten und Schlechten angeschlossen haben. Die allereinfachste Logik bekundet sich in der drastischen Antwort eines Buschmanns auf eine seitens eines Missionars an ihn gerichtete Frage über das Gute: Gut ist, wenn ich einem anderen sein Weib wegnehme; böse, wenn er mir das meinige stiehlt. Stets erwachsen aus den unmittelbaren praktischen Erfahrungen die bestimmten Anlässe zu einer abstrakten Bestimmung über allgemeine Gebote und Verbote. Wie sehr die ursprüngliche Naturanschauung noch fortwirkt, zeigt das verhältnismäßig hochstehende System Zoroasters, das den ganzen sittlichen Gegensatz auf den Kampf des Lichtes mit der Finsternis aufbaut. Das soziale Leben mit den tief begründeten Instinkten der Sympathie und Verehrung tritt immer stärker in seine Rechte, der anfängliche schrankenlose Egoismus verliert allmählich sein alleiniges Vorrecht, und so bilden sich sittliche Ideale und Normen heran, die auch für die religiöse Entwicklung ihre maßgebende Bedeutung gewinnen. Max Müller hat einmal eine Biographie des indischen Feuergottes

Agni, wie er es nennt, geschrieben, die diese Umwandlung und Läuterung des Sinnlichen in das Ethische anschaulich schildert. Freilich sind die betreffenden Forderungen meist zunächst ganz und gar heteronom, äußerlich; sie werden erzwungen unter dem Androhen göttlicher Rache und Strafe, — übrigens ein Gedanke, der sich noch weit hinein in die Stadien vorgerückter Gesittung erstreckt; für die reinere Auffassung, daß das Böse an und für sich dem Ideal der Sittlichkeit widerspricht, weil es den Menschen entwürdigt und zu einem Sklaven seiner eigenen schlechten Begierden macht, ist das Bewußtsein noch nicht reif. Hat sich dieser Prozeß vollzogen, dann erfährt selbstverständlich auch die Religion diese ethische Erhöhung, indem die äußere Autorität unwiederbringlich geschwunden ist:

Nehmt die Gottheit auf in euren Willen,
Und sie steigt von ihrem Weltenthron.

Von den eigentlichen Urzuständen können wir uns, sofern uns nicht analoge Verhältnisse bei jetzigen Naturvölkern in unserem Urteil unterstützen, nur eine recht mangelhafte konkrete Vorstellung machen. Daher die vielberufene Unsicherheit in der Fixierung des Ausgangspunktes der ganzen Entwicklung, des sog. Primitiven. Daß man hier mit Ausdrücken wie Urmonotheismus vorsichtig sein muß, liegt auf der Hand; dem widerstreitet schon die einfache Tatsache, daß wir es gelegentlich oder häufig nicht mit einem, sondern mit einer Mehrheit ursprünglicher Götter zu tun haben, so bei den Arunta in Zentralaustralien. Auch ist es unfruchtbar, die Frage damit zu verquicken, ob an die Götter stets Gebete und Opfer gerichtet seien. Bei einzelnen Gottheiten wird dies ausdrücklich in Abrede gestellt, so mit der Bemerkung, daß der Gott zu hoch wohne, wie der Unkulunkulu der Zulu, aber die Regel ist es, wie es auch dem psychologischen Zusammenhange entspricht, daß diese höchsten Wesen, die den Lauf der Natur nach ihrem Gutdünken lenken, auch für menschliche Bitten zugängig sind. Daß sie außerdem die reale Antwort auf das ruhelose Fragen der Menschen nach dem Ursprung aller Naturerscheinungen darstellen, wollen wir durchaus nicht bestreiten, — Niambe hat alles gemacht, die Bäume hier, den Berg, diesen Fluß, die Ziegen und die Küchlein hier, erklären die Australier; aber mit diesem Kausalitätsbedürfnis allein die Entstehung der Religion zu begründen, wie F. A. Lange wollte, geht nicht an. Anderseits kann man sich die primitive Naivität nicht kraß genug vorstellen; es kommt vor, daß diese Urväter (Vater ist eine häufig wiederkehrende Bezeichnung) gestorben sind, so daß ihre Gräber gezeigt werden, oder sie sind ausgewandert in ferne Länder, wo sie ein einsames Dasein führen. Bäjämi (Gott der australische Kamilaroi) kam mit seinen zwei Weibern aus dem Westen, blieb einige Zeit, um Bäume, Quellen, die Schwarzen usw. zu machen und die Zeremonien, Mysterien usw. einzusetzen; dann wanderte er fort und sitzt nun wie ein greiser Medizinmann mit langem Barte dort oben in seinem Lager. Freilich kann er sich, wie alle Zauberer, unsichtbar machen und gehen, wohin er will. Auch kommt es vor, daß sie nach einem zeitweiligen Tode neubelebt werden. Endlich zeigt sich bei ihnen gleichfalls die uralte Wesensverwandtschaft zwischen Mensch und Tier, die ja im Totemismus, wie wir noch sehen werden, besonders ausgeprägte Formen angenommen hat; die anfänglich tierische Gestalt kann wie bei Bäjämi menschlich werden oder nur durch gewisse Rudimente an die frühere Form erinnern, — dann haben wir es mit Symbolen zu tun. Als ein merkwürdiges Beispiel, wie jahrhunderte- und jahrtausendelang dieselbe ursprüngliche Vorstellung sich auch in völlig veränderten Verhältnissen gleichsam wie ein fossiler Rest uralten Denkens erhalten hat, mag der chinesische Schang-ti, Herr in der Höhe, angeführt werden, der genau dem Begriffe nach dem Mulkari in Queensland entspricht, während im übrigen die rationalistische chinesische Religion ganz andere Entwicklungsformen aufweist.

Wie schon erwähnt, liegt es für den lediglich auf rein sinnliches Wohlergehen bedachten Naturmenschen nahe, daß er die bösen Geister, von denen die Welt erfüllt ist, für sich durch Opfer und Gunstbezeigungen zu gewinnen sucht. Einen charakteristischen Gott des bösen Prinzips kennen z. B. die Tataren, die dem Himmelsgott, Tengere Kaira Kan, den Beherrscher der Unterwelt, den schrecklichen Erlik gegenüberstellen, der die Menschen zum Bösen verführt. Er wird grauenvoll dargestellt; er hat ein blutbeflecktes Gesicht, schwarzen Bart, schwarzes Roß, schwarzes Bett; eine Menschenbrust ist sein Eimer, ein Menschenschädel sein Pokal usw. Er tut den Menschen Böses, wo er nur kann, verführt sie zu Sünden, schickt ihnen Krankheit und Tod. Dazu verfügt er über eine zahllose Schar von untergeordneten Geistern, die ihm unbedingt zur Verfügung stehen. Wenn bei der Geburt eines Menschen die Lebenskraft von einem guten Geist gebracht wird, so sendet Erlik einen bösen, um die Geburt zu verhindern oder zu gefährden. Den Menschen begleiten hinfort ein guter und ein böser Genius durch das Dasein, jener zeichnet die guten, dieser die bösen Taten auf. Wenn nach dem Tode die Seele des Menschen vor dem Richterstuhl des Erlik steht, so entläßt dieser die Seele zur Oberwelt, wenn die guten Taten überwiegen, im anderen Falle wird sie in einen riesigen Kessel voll kochenden Teers geworfen, in welchem sie so weit versinkt, als die bösen Taten sie herabdrücken. Die Seligen schicken wohl einen guten Geist, um die bedrohte Seele am Zopfe herauszuziehen.

Den schärfsten Dualismus, vom rein Materiellen ins Ethische übergeleitet, stellt der Parsismus des Zoroaster dar, wo gleichfalls der Kampf um die Seele des Menschen eine große Rolle spielt. Einige wenige Daten mögen genügen. Am vierten Tage nach dem Tode gelangt die Seele um die Morgenröte an die Stelle des Gerichts bei der Brücke Tschinvat. Vor dem Überschreiten derselben wird sie von den bösen Geistern angeklagt; auf untrüglicher Wage werden die guten und bösen Taten gegeneinander abgewogen (ähnlich wie im ägyptischen Totengericht). Jetzt muß die Seele die gefährliche Brücke überschreiten, — dieselbe Vorstellung wiederholt sich im mohammedanischen Mythus. Die gerechte Seele vermag fröhlich hinüberzuschreiten, geführt von einer schönen Maid, der Verkörperung ihrer guten Werke, und von guten Hunden geleitet, welche die Brücke bewachen. Dann gelangt die Seele zum Paradies und endlich vor Ahura Mazdas goldenen Thron, um in ewiger Seligkeit mit den Frommen zu leben. Die bösen Seelen dagegen finden keine Helfer; sie straucheln auf der haardünnen Brücke und stürzen in den Abgrund; ein böser Dämon schleppt sie an den Ort der Finsternis hinab. Dagegen scheint der Kultus des Teufels bei den Jezzids in Syrien eine Ausnahme zu bilden, zu der anderweitige Analogien fehlen.

Mit der Gottesvorstellung hängt sodann unmittelbar das Wunder zusammen, dessen wir schon hier deshalb in aller Kürze zu gedenken haben, obschon wir später noch ausführlich auf dies Moment zurückkommen werden. Der naive Sinn des Naturmenschen vermag noch nicht folgerichtig zu denken, vor allem aber nicht den Begriff eines allgemeingültigen Gesetzes, einer unausweichlichen Kausalität und Notwendigkeit zu fassen. Daher ist ihm Natur und soziales Leben das Ergebnis willkürlicher, ja wohl launenhafter Handlungen einzelner göttlicher Wesen, die ihm unbegreiflich erscheinen, als Wunder. Alle Vorgänge, vor allem die großen Wendepunkte unseres Daseins, Leben, Krankheit und namentlich Tod, sind Wirkungen dieser geheimnisvollen göttlichen Macht, vor der der Wilde in scheuer Ehrfurcht sein Haupt beugt, weil er sich eben dadurch unmittelbar in seiner Existenz bedroht fühlt. Die Äußerungen einer überragenden göttlichen Kraft, die in den mythologischen Bildern phantastisch ausgeschmückt werden, erfahren auf höheren Gesittungsstufen eine entsprechende Umbildung; nicht mehr beliebig, je nach Laune und Willkür, sondern nur bei außerordentlichen Anlässen, wie bei der Weltschöpfung, beim Kampf gegen den Fürsten der Finsternis, bei Verwandlung des Gottes in Menschengestalt, kurz, wo sittliche Rücksichten einen solchen Eingriff erfordern, bekundet sich eine derartige göttliche Offenbarung. Auch hier zeigt sich, wie überall, eine allmähliche Entwicklung von der Tiefe zur Höhe, ein Vorgang, der freilich gelegentlich durch bedauerliche Rückfälle in Barbarei unterbrochen wird. Ebenso eigenartig sind die befremdlichen Überlebsel, Überreste früherer, meist schon überwundener Anschauungen und Einrichtungen, die sich mit eigentümlicher Zähigkeit inmitten einer völlig veränderten Umgebung erhalten haben, — Tylor hat bekanntlich in seinem Werk: Anfänge der Kultur diesen Erscheinungen eine ausführliche Untersuchung gewidmet. Die weiteren Abstufungen und Entwicklungsformen der Gottesvorstellung (Verhältnis eines Gottes zu mehreren gleich- oder untergeordneten, die Beziehungen zur Natur und zum sozialen Leben, zur Tierwelt usw.) werden wir in dem reichhaltigen Kapitel des Mythus verfolgen.

§ 2. Der Seelenbegriff.

Die Vorstellung von einer dem Körper des Menschen oder Tieres zwar innewohnenden, aber nicht ihm schlechterdings untergeordneten Seele ist der eigentliche Nährboden jeder Religion. Die Gottesidee würde ohne diesen Zusammenhang ohne weiteres in sich zusammenfallen und ebenso der

Kultus in seinen meisten Erscheinungen. Diese Anschauung gehört daher zu den ursprünglichsten und unveräußerlichsten des Menschengeschlechts; nirgend auf der ganzen Erde, selbst nicht bei den rohesten und verkommensten Stämmen, fehlt dieser Glaube, der sich in feinen Verzweigungen und unter mancherlei Verhüllungen sogar bis in die Zeiten vorgerückter Kultur erstreckt. Das Gebiet ist so umfassend, das Material so buntscheckig (obschon hier, wie überall, allgemeine, typische Grundzüge sich dem Beobachter aufdrängen), daß jede detaillierte Darstellung von vornherein hoffnungslos erscheint. Auch hier müssen einige charakteristische Schlaglichter genügen. Maßgebend ist zunächst der Gedanke, daß Leben und Tod nicht organische Prozesse sind, unabwendbarer Notwendigkeit unterworfen, sondern Taten, Wirkungen übernatürlicher Wesen. Auch nach dem Zerfall des Leibes, von dem sich der Naturmensch gelegentlich erst durch handgreifliche Beweise überzeugen lassen muß, wirkt das den Körper belebende Prinzip (erkennbar am Atem oder am Blut oder endlich an Träumen und Visionen) weiter, sei es als schädlicher Dämon, sei es als freundlicher Schutzgeist. Wie tief diese naive Anschauung selbst dem skeptischen Westeuropäer im Blut steckt, das möge nur der Hinweis auf das bekannte Allerseelenfest in Paris veranschaulichen (übrigens genau dem japanischen Laternenfest entsprechend), wo auf dem Kirchhof Père Lachaise Kuchen und Süßigkeiten auf den Gräbern niedergelegt werden; ursprünglich galt es, die abgeschiedene Seele, die nun leicht ein schadenbringender Geist werden konnte, durch

Opfer versöhnlich und gnädig zu stimmen, während es sich für uns lediglich um ein pietätvolles Erinnerungsfest handelt. Gelingt es nicht, sich durch Opfer und Gelübde die Gunst des Verstorbenen zu sichern, so zeigen sich in verhängnisvollen Krankheiten und Seuchen alsbald die schlimmen Folgen. Die schrecklichsten Greuel nach unseren Begriffen, Menschenschlächtereien im unerhörten Umfang erfahren als religiöse Totenopfer so ihre psychologische Erklärung. So war es auf den Fidschi-Inseln, auf Borneo, in Indien, in Afrika, in Mexiko usw. Je mächtiger ein Mensch auf Erden gewesen war, um so mehr Menschen mußten ihr Leben lassen. Sehr bekannt ist die indische Witwenverbrennung, die sich übrigens bei vielen anderen indogermanischen Stämmen wiederholt; so berichtet Bonifatius von den Wenden: Sie bewahren die eheliche Liebe mit einem so ungeheuren Eifer, daß die Frau sich weigert, ihren Gatten zu überleben, und die gilt unter den Frauen für bewunderungswürdig, welche sich eigenhändig den Tod gibt, um auf einem Holzstoß mit ihrem Gebieter zu verbrennen. Nach der skandinavischen Sage liegt Brynhild an der Seite ihres geliebten Sigurd auf dem Scheiterhaufen, und Männer und Jungfrauen folgen ihnen auf dem Wege nach. Wird den Geistern dagegen nicht die gebührende Verehrung zuteil, so brechen plötzlich Krankheiten und Seuchen aus. So leben die Patagonier in steter Angst vor den Seelen ihrer Zauberer, die nach dem Tode in böse Dämonen übergehen; turanische Stämme fürchten die Schamanen noch mehr nach dem Tode als bei Lebzeiten, da sie in einer besonderen Klasse von schädlichen Geistern sich verwandeln. In China herrscht der Glaube, daß die vielen unglücklichen verlassenen Geister in der Unterwelt, z. B. die Seelen von Aussätzigen und Bettlern, den Lebenden empfindlichen Schaden zufügen können; daher müssen sie zu gewissen Zeiten durch Speiseopfer, und seien diese auch noch so dürftig, besänftigt werden. Umgekehrt erfreuen sich die Überlebenden auskömmlicher Unterstützung durch die Abgeschiedenen, wenn ihnen reichliche Opfer gebracht sind; die Zulu siegen im Kampfe, wenn sie von den Amatongo, den Geistern ihrer Vorfahren, unterstützt werden. Die rohen Weddas in Ceylon glauben, die Manen besuchten sie in Träumen, verliehen ihnen Wild auf der Jagd und Erfolg im Kriege. Selbst das so hoch zivilisierte und aufgeklärte moderne Japan steht noch völlig unter dem Banne der Ahnen-(Kami-)Verehrung, ebenso das rationalistische China, wo bekanntlich der Bau der Eisenbahnen auf energischen Widerstand stieß, weil dadurch die Ruhe der Vorfahren gestört würde. Auch die Hindu legen den größten Wert auf sorgfältige Ahnenverehrung, desgleichen die Römer weit über ihre klassische Zeit hinaus, ja, bis in die Anfänge des Christentums hinein. Von der Besessenheit, wo die bösen Geister vollständig von dem unglücklichen Menschen Besitz nehmen, wird später die Rede sein; hier nur noch einige Beispiele dafür, wie materiell sich der Naturmensch die Seele vorstellte, und wie es ihm darum zu tun war, die Seele möglichst unschädlich zu machen. Die Irokesen pflegten in dem Grabe eine Öffnung für die sich nach ihrem Körper sehnende Seele zu lassen und bohrten auch wohl Löcher in den Sarg, ähnlich wie die Chinesen, die beim Tode ein Loch in das Dach machten, um die Seele hinauszulassen. Das entspricht wieder der in Frankreich, England und Deutschland herrschenden Sitte, ein Fenster oder eine Tür für die Seele, zu öffnen. Anderseits wurde die Grabstätte mit spitzen Dornenhecken umgeben, um der Seele es unmöglich zu machen, zu entweichen und ruhelos umherzuschweifen. Auf den polynesischen Inseln werden die Seelen von den Priestern eingefangen (von Gräsern, Bäumen usw.); die Ureinwohner von Queensland peitschten in einem jährlich sich wiederholenden Scheinkampf die Luft, um die Seelen zu verscheuchen, welche der Tod seit dem letzten Jahr in Freiheit gesetzt hatte. Manche Stämme der nordamerikanischen Indianer stellen Netze um ihre Hütten auf zum Zweck, die abgeschiedenen Seelen der Nachbarn zu fangen und zu verscheuchen. Die everriatores, die im alten Rom nach einer Leichenfeierlichkeit das Haus auskehrten, suchten den Einfluß böser Dämonen fernzuhalten. Maßgebend ist die Vorstellung, daß die Seelen nach dem Tod dem Ritus gemäß bestattet werden müssen; sonst gehen sie um und stiften allerlei Schaden an. Es ist daher die Aufgabe des Priesters, sie einzufangen und an einen bestimmten Ort zu bannen. Besonders gefürchtet sind auch die Seelen derer, die eines gewaltsamen Todes gestorben sind, da diese stets einen bösartigen Charakter zeigen. Im klassischen Altertum spielen die heiligen Zeremonien und Beerdigungsfeierlichkeiten eine große Rolle, die Schatten schwirren sonst wehklagend vor den Toren des Hades umher, wofür die drastische Szene, in welcher Homer den

Aufenthalt des Odysseus in der Unterwelt schildert, einen anschaulichen Beleg liefert. Auch das Christentum hat durchaus nicht mit dieser Anschauung gebrochen, sondern sich derselben klugerweise angepaßt; bis weit über das Mittelalter in die neue Zeit hinein begegnen wir beim niederen Volk dem Glauben, daß die Geister der Verstorbenen umherschweifen, bis sie ein ehrliches Begräbnis erfahren haben. Die Totenmahlzeiten aber, deren wir bereits oben gedachten, über den ganzen Erdball bei allen Völkern verbreitet, zeigen unwiderleglich, wie materiell, wie grobsinnlich der Seelenglaube war, — eben aus diesem Grunde erklärt sich auch seine seltsame Zähigkeit. Der Ahnenkult, ein ungemein wichtiger religiöser Faktor, aus dem in gerader Linie die Verehrung der Häuptlings, der Stammesgottheit usw. hervorgewachsen ist, wird uns später noch beschäftigen, — jetzt noch einige Worte über die Wiedergeburt und die Seelenwanderung überhaupt.

Die Seele verkörpert sich, gleichsam aus ätherischen Höhen wieder zur Erde herabsteigend, in einzelnen hervorragenden Menschen, die dann als Heroen und Kulturträger göttliche Verehrung genießen, um später meist auf geheimnisvolle Weise zu verschwinden. So glaubten die Peruaner an einen solchen göttlichen Erlöser, das griechische Altertum ist erfüllt mit mancherlei Sagen dieser Art. Die letzte abschließende Spitze erhält diese Vorstellung im Buddhismus und im Christentum, — dort handelt es sich um eine fortlaufende, sich immer wieder in einem Kinde offenbarende Wiedergeburt des Dalai-Lama. Damit hängt unmittelbar zusammen die Lehre von der Metempsychose, der Seelenwanderung, die unter den Händen einer herrschsüchtigen Priesterkaste (so in Indien) zu einer wahren Geißel des Volkes geworden ist. Einige charakteristische Züge aus der überströmenden Fülle des Materials mögen hier angeführt werden. Wenn in Alt-Calabar einer Mutter nach dem Verlust eines Kindes ein anderes geboren wird, so glaubt sie, daß das verstorbene wiedererschienen sei. Die Ähnlichkeit der Kinder mit ihren Großeltern wird atavistisch auf diese Weise erklärt, und die neuen Sprößlinge werden direkt mit den Worten begrüßt: Da bist du wieder! Bei einem indischen Stamme sucht der Priester aus gewissen Anzeichen und Beobachtungen festzustellen, welcher Vorfahre im Kinde wiedererschienen sei; natürlich erhält dasselbe dann auch den Namen des betreffenden Ahnen (die Namengebung richtet sich gerade nach diesem Moment). Öfter begegnet man auch dem Glauben bei dunkelfarbigen Rassen, daß sie als Weiße wiedergeboren würden, deren übermenschliche Fähigkeiten sie eben nicht genug bewundern können. So hielten die Einwohner von Neu-Kaledonien die Weißen für Geister der Toten, die ihnen Krankheiten brächten, ähnlich die Bari am Weißen Nil. Aber eine eigentliche Auferstehung, vollends im ethischen Sinne der Vergeltung gefaßt, kommt auf den niederen Gesittungsstufen nicht vor, oder wir haben es mit christlicher Beeinflussung zu tun. Ein ungeheures Gebiet dagegen eröffnet sich uns, wenn wir unsere Blicke auf das Tier- und Pflanzenreich richten; bei der durchgängigen Naturbeseelung, diesem Kardinalsatz primitiver Mythologie, sind die Tiere den

Menschen unmittelbar ebenbürtig, bisweilen sogar an List und Stärke überlegen. Es besteht danach ein unmittelbar seelischer Zusammenhang zwischen Mensch und Tier, der eben darin seinen besonderen Ausdruck findet, daß einzelne, meist durch Kraft, Schönheit, Schnelligkeit oder sonst irgendwie hervorragende Tiere direkt göttliche Verehrung genießen, — es ist der so ungemein verbreitete Tierkultus, um den es sich hier handelt. Die Kamdschadalen beten die Walfische, die ihre Boote umschlagen können, die Bären und Wölfe, vor denen sie in steter Furcht leben, an. Dabei glauben sie, daß die Tiere ihre Sprache verstehen können, und sie vermeiden es daher, sie unmittelbar mit ihrem richtigen Namen zu bezeichnen, wenn sie ihnen begegnen. (Das Verständnis der Tiersprache spielt, wie bekannt, im Märchen eine große Rolle; hier ist die Fühlung schon gelockert und den Menschen für gewöhnlich die Fähigkeit abhanden gekommen, sich mit ihnen auf vertrauten Fuß zu setzen.) Die Peruaner verehren Fische und Affen, die Philippinenbewohner Alligatoren; viele nordamerikanischen Indianerstämme, bei denen der Totemismus besonders entwickelt ist, jagen und erlegen Bären und Wölfe nur unter umständlichen Beschwörungs- und Entschuldigungsformeln; jeder Samoaner hatte seinen besonderen Schutzgeist in Gestalt eines Tieres, den er als heiligen Fetisch verehrte und nicht anrührte. Die Verehrung der Schlangen ist ganz besonders in Afrika entwickelt, aber auch in Südasien oder bei den Griechen und Römern — in Athen wurde die große Schlange, welche die Burg beschützte, jeden Monat mit Honigkuchen gefüttert. Die Spitze dieses

Kultus dürfen wir wohl in der ägyptischen Inkarnationslehre der Gottheit in gewissen heiligen Tieren erblicken, die unbedenklich den Göttern selbst gleich gesetzt wurden; dasselbe findet sich übrigens in der Vorstellung von den heiligen Stieren (so auch bei den Persern), den Kühen bei den Hindus oder den Elefanten in Hinterindien. Dem Totemismus, der besonders üppig in Australien und in Nordamerika sich entwickelt hat, wo jede Familie ein besonderes Tier zum Schutzgeist hat, werden wir im anderen Zusammenhange (beim Kultus) noch einige Worte widmen, — überall haben wir es mit der ursprünglichen Naturbeseelung zu tun, die hier in der Inkarnation der Gottheit ihren realen Ausdruck findet.

Die umherschweifenden Seelen können, besonders nachts, auch in die Menschen fahren und ihnen das schlimmste Übel zufügen. Eine ganze Schar von Unholden hat die allezeit geschäftige Phantasie des Naturmenschen ersonnen (welcher Naturmensch übrigens noch unter den niederen Schichten hoch kultivierter Völker wirksam und tätig ist) und dadurch das menschliche Leben vergiftet. Die Hexen, die Incubi und Succubi, die den Schlaf des Menschen beunruhigen (beiläufig bemerkt, begegnen wir dieser Vorstellung z. B. auch in Australien, in Nord- und Mittelamerika, auf Samoa usw.), die Werwölfe und Menschentiger, die unheimlichen Vampire, die dem schlummernden Menschen das Blut aussaugen, daß er zusammenschrumpft und hohläugig aussieht, sind solche Krankheitsdämonen, die sich in der niederen Mythologie fast aller Völker finden, — künstlich gesteigerte Visionen spielen hierbei, wie bei allen ekstatischen Zuständen, begreiflicherweise eine be-

28 Allgemeine Bestandteile der Religion.

deutsame Rolle. — Der Wiedergeburt und der Seelenwanderung in ihren verschiedenen Abstufungen entspricht auf der anderen Seite der Glaube an die Präexistenz, ein etwas unklarer Glaube an ein Dasein, das dem Diesseits vorausgehe und doch mit ihm in einem gewissen Zusammenhang stehe; an dieser Vorstellung halten außer den Indianern und den westafrikanischen Eweern und manchen anderen Naturvölkern Pythagoras, Platon und viele orientalische Kirchenväter fest.

§ 3. Zukünftiges Leben.

Das Diesseits und Jenseits sind nach der Vorstellung primitiver Rassen unmittelbar miteinander verknüpft, so daß sogar Besuche Lebender im Reich der Toten stattfinden können, die meist freilich gewisse Gefahren der Rückkehr in sich schließen, — der Gedanke des Nichts, der völligen Auflösung der Seele, des buddhistischen Nirwana, ist dem Naturmenschen unzugänglich. Die Realität des Fortlebens wird somit durch die ausführlichen Berichte der in Visionen, Halluzinationen, Ekstasen oder auch nur in Träumen Abwesender, die dann (häufig nicht ohne Mühe) den Rückweg zum Körper finden, vollauf bestätigt, und die Sagen der verschiedensten, weder anthropologisch noch kulturgeschichtlich zusammenhängender Stämme treffen gerade in diesem Punkte überein. Das ist der Fall bei den Indianern, Negern, Polynesiern, Asiaten und vielen europäischen Völkerschaften, — allbekannt sind auch die griechischen Sagen. Die Zulus erzählen von Menschen, die durch Höhlen zur Unterwelt hinabgelangten, wo genau dasselbe Leben herrscht, wie auf der Oberwelt in streng sozialer Gliederung. Deshalb auch, nebenbei bemerkt, die großen Opfer beim Tode von Häuptlingen und anderen hervorragenden Personen, da diese drüben standesgemäß auftreten müssen. Die zugrunde liegende psychologisch sehr begreifliche Selbsttäuschung bei derartigen visionären Zuständen kennzeichnet Tylor sehr einleuchtend mit den Worten: Das Ganze ist ein fehlerhafter Kreislauf; der Wilde sieht, was er glaubt, und er glaubt, weil er es sieht. Indem er wie ein Kind, das sich im Spiegel erblickt, die Reflexionen seiner eigenen Seele betrachtet, nimmt er gehorsam die Lehren seines zweiten Selbst an. Der rote Indianer besucht seine herrlichen Jagdgefilde, der Tonganese seine schattige Insel Bolotu, der Grieche betritt den Hades und schaut die elysischen Gefilde, der Christ erblickt die Höhen des Himmels und die Tiefen der Hölle. Die Neger, Rothäute, Neuseeländer, Polynesier usw. wetteifern miteinander in der Ausschmückung derartiger phantastischer Berichte. Eine solche Erzählung bei den Melanesiern lautet in ihren Grundzügen folgendermaßen:

Eine abgeschiedene Seele hatte ihren Flug nach dem Nordkap genommen, wo der Eingang zur Unterwelt ist. Dort stieg sie den Abhang hinab und befand sich am Rande eines sandigen Flusses; mit Mühe und Not entkam sie dort den Angriffen eines Riesenvogels (des ausgestorbenen Moa) und gelangte in ein Dorf, wo sie ihren Vater und andere Verwandte vorfand. Jener erklärte ihr aber, sie müsse wieder auf die Oberwelt zurückkehren, da sonst keiner für seinen noch lebenden Enkel sorgen könne. So klomm sie wieder den Hügel empor und flog zu der Stelle zurück, wo sie ihren Körper verlassen hatte. Erst allmählich erwachte sie zu vollem Bewußtsein, so daß sie sich ihrer bedeutsamen Erlebnisse erinnern konnte.

In Ozeanien begeben sich die abgeschiedenen Seelen nach der Richtung der untergehenden Sonne und springen entweder von einem Felsen ins Meer (daher liegt das Seelenland meist im Westen) oder verschwinden durch ein Loch in der Erde, um in Milus Reich (Gott der Unterwelt für die gewöhnlichen Leute) zu gelangen.

Ein über den Tod seiner Frau betrübter Häuptling wandte sich an seinen Priester, der ihm einen Führer für seine Reise mit auf den Weg gab. Am Westende auf einen Baum gelangend, spaltete sich dieser, so daß sie in die Tiefe glitten. An dem Palast des Milu (der Name für den Beherrscher der Unterwelt) angelangt, fand der Häuptling den ganzen Hof mit lärmenden und tobenden Seelen angefüllt und so in ihre Spiele vertieft, daß der neue Ankömmling sich unbemerkt zwischen die Menge mischen konnte. Als nach allerlei Spielen ein neues ausgedacht werden sollte, schlug der Häuptling vor, daß sich alle die Augen ausreißen sollten (Augen sind gleich Seelen). Das wurde in der Tat beschlossen, doch hatte der Häuptling genau acht auf die Augen Milus, die er in einem Korbe verbarg. Nach längerem Verhandeln erhielt dieser seine Augen wieder unter der Bedingung, daß er die Seele der Frau zur Oberwelt zurückentließe.

Auch in der klassischen Literatur finden sich mannigfache Erzählungen über Besuche in der Unterwelt, — berühmt sind namentlich Lucians Darstellungen; auch die Höllenfahrt Christi liefert dazu ein Abbild oder Überbleibsel.

Die Vorstellung von einer im Westen gelegenen Toteninsel ist ungemein verbreitet, fast allgemein; ein Algonkin-Indianer besuchte das Land der Seelen im sonnigen Süden und sah dort schöne Pflanzen und Bäume, durch die er aber mitten hindurchgehen konnte. Dann ruderte er in einem Kanu quer durch den See, wo die Seelen der Bösen im

Sturm zugrunde gehen, bis er die glückselige Insel erreichte, wo keine Kälte, kein Krieg herrscht, sondern wo die Geschöpfe in vollstem Frieden leben. Hesiod weiß in seinen „Werken und Tagen" von den Halbgöttern des vierten Zeitalters zu erzählen, zwischen der Bronze- und der Eisenzeit. Zeus gewährte ihnen an den Enden der Erde eine Wohnstätt, weit von den Menschen und Göttern. Dort herrschte Kronos über sie, die sorglos auf den Inseln der Seligen wohnten, am Strande des tiefaufrauschenden Meeres (später mit den Elysäischen Feldern identifiziert), denen das Kornfeld dreimal Frucht trug. Die Vorstellung von einem unterirdischen Hades ist eine bei den Naturvölkern ganz gewöhnliche; jedes Jahr im April brachten die Nadowessier ihre Toten, in Büffelhäute eingenäht, an einen gewissen Sammelplatz des Stammes, wo sich die Öffnung einer Höhle befand, die unter der Erde zu der Wohnung des Großen Geistes führte. Beim Tode eines Samoaners führt die Schar der Geister seine Seele mit sich fort bis zu dem an der westlichsten Spitze der Insel Sawaii gelegenen Eingang der Geisterwelt. Dort unten ist Himmel und Erde, und die Leute gehen mit ihrem wirklichen Körper umher, pflanzen, fischen, kochen gerade so wie sonst. Aber des Nachts werden ihre Leiber gleichsam zu feurigen Punkten, die in diesem Zustand die Oberwelt aufsuchen. Der römische Orcus war gleichfalls im Inneren der Erde gelegen, der griechische Hades desgleichen, dunkel, schattenähnlich wie das ägyptische Totenland Amenti oder das höhlenartige Scheol der Israeliten. Dagegen ist die Vorstellung von einer feurigen Hölle, zumal als Strafe für Sünden, den Naturvölkern fremd, nur die strenge soziale Scheidung zwischen vornehm und gering findet sich durchgeführt: Bei den Polynesiern das Reich des Milu gegenüber dem aristokratischen des Wakea das mexikanische Mictlan, der unterirdische Hades für das gewöhnliche Volk, das Tuonela der Finnen, wo der harte und mitleidlose Tuoni mit seinem grimmen Weib und Sohn herrschte usw., aber die Idee einer sittlichen Zurechnung für begangene Verfehlungen fehlt völlig, und wo dieselbe sich vorfindet, sind christliche oder anderweitige Einflüsse höherer Religionen mit Sicherheit anzunehmen. Man kann höchstens sagen, daß bisweilen statt der gewöhnlichen optimistischen Auffassung auch, wie oben erwähnt, eine pessimistische herrscht. Meist handelt es sich, wie gesagt, um eine Idealisierung des irdischen Tun und Treibens; sehr stark sinnlich gefärbt ist auch das moslemische Paradies, wo die Gläubigen in wundervollen Gärten verweilen, bedient von den schönsten Huris, auf Lagern von Gold und Edelsteinen ruhend, von ihren Lieblingsfrüchten sich nährend und vom Fleisch der seltensten Vögel. Es ähnelt vollständig dem polynesischen Paradies Raiatea mit seinen duftenden Blumen und ewigen Festlichkeiten, die freilich nur für den vornehmen Orden der Aréoi bestimmt waren, oder dem tonganischen Bolotu oder dem peruanischen Wohnsitze der Inkas in der Sonne, während die düstere Unterwelt Cupay für das gewöhnliche Volk den Aufenthaltsort bildete.

Die eigentliche Vollendung dieses ganzen Gedankenganges bildet die späterhin geradezu syste-

matisch entwickelte Lehre von der Erlösung. Alle
Opfer, der größte Teil des Kultus ist auf diesem
fruchtbaren Untergrunde eines mehr oder minder
drückenden Bewußtseins einer Verfehlung erwachsen.
Im Buddhismus und Brahmanismus, in der christlichen Kirche führt das ganz von selbst zu einer
festumschriebenen dogmatischen Ausbildung dieses
Begriffs. Da die Lehre Gautamas die schärfste
Konsequenz dieser Vorstellungen enthält, so mag
dieselbe hier in knappster Fassung skizziert sein.
Die höchste Seligkeit der Vollendung, nach der
jede echte Jünger zu streben hat, liegt nicht, wie
der Brahmanismus will, in der Tat, da diese
immer noch an der Welt des Begehrens haftet,
sondern in dem Erkennen, das alle Willensregung
überwindet durch die den ganzen Menschen von
Grund aus umwandelnde Wahrheit, daß ich dem
Weltwesen, dem Atman, gleich bin, und daß somit
das Ich nur eine täuschende, irreführende Illusion
ist. Das ist das Stadium des Nirwana, wo das Bewußtsein und das Individuum, diese Quelle alles
Übels, erlischt, wo alles eitle Sehnen und Begehren
sein Ende findet. Das ist die esoterische, reinere
Lehre, während die Auslegung des Begriffs Nirwana
für das gewöhnliche Volk aus leicht begreiflichen
Gründen an dem eudämonistischen Moment der
Seligkeit festhält. Ähnlich ist die brahmanische
Moksha eine Befreiung von allen sinnlichen Fesseln
und Hemmnissen; gegenüber dem Trugbild einer unendlichen Vielheit und Verschiedenheit der Dinge gelangen wir erst durch schärferes Nachdenken zur wahren
Erlösung, nämlich durch die befreiende Erkenntnis
von der Einheit des Menschen und des Brahma.

Diese unio mystica, wie der gewöhnliche Ausdruck lautet, erscheint bei allen kulturgeschichtlichen Abweichungen übereinstimmend in den Grundzügen, so bei den metaphysisch besonders veranlagten Indiern (und zwar in den verschiedensten Bildungen), in den orgiastischen Dionysoskulten, bei den Gnostikern, den mittelalterlichen Mystikern, wie Meister Eckehart, Tauler und anderen, bei Angelus Silesius, — überall handelt es sich um das Erlöschen der beschränkten, hinfälligen, nichtigen Individualität in der umfassenden Weltsubstanz, aus deren Schoß alles Leben stammt. Anderseits verwandelt sich diese stille, nach innen gekehrte Betrachtung zu weltverachtender Begeisterung und religiösem Fanatismus, aus der Passivität, die sich (so bei Laotse, dem chinesischen Weisen) geradezu in der Forderung des Nichtstuns bekundet, entwickelt sich die stärkste Aktivität, ein religiöser Fanatismus und wilde, alles in Trümmer schlagende Begeisterung, so in den Martyrien oder als sozialpsychischer Faktor, z. B. in der Entwicklung des Islams. Durch diese mystische Verzückung, die den ganzen Organismus ergreift und erschüttert, vollzieht sich jene geistige Wiedergeburt, die überall als die Voraussetzung und anderseits als das Ziel jeder tieferen religiösen Befruchtung gegolten hat, — auch die Naturvölker wissen in ihren Geheimbünden und Mysterien von solchen Vorgängen zu erzählen. Der Halbgott, der Kulturheros, der Bringer höherer Gesittung (bei vielen Naturvölkern, so bei den Peruanern, eine vielgefeierte mystische Persönlichkeit), der Priester und Künder unaussprechlicher Geheimnisse, der Prophet und Gottesgesandte, der Mittler zwischen Gott und Mensch — sie alle bilden die bedeutsamen Marksteine auf diesem dornenvollen Wege der Erlösung. Soweit dafür noch besondere Kultushandlungen in Betracht kommen (Fasten, Kasteiungen usw.), wird dies Problem uns noch später beschäftigen.

§ 4. Offenbarung und Wunder.

Um die so ganz anders gearteten Anschauungen der Naturvölker psychologisch zu verstehen, müssen wir unserer landläufigen Theorie über die naturgesetzliche Verursachung alles Geschehens gründlich entsagen; dort gilt lediglich der ursprüngliche, gleichsam in Fleisch und Blut übergegangene Geisterglaube, der in allen Vorgängen das Wirken und Walten konkreter überirdischer, aber doch irgendwie wahrnehmbarer Mächte erblickt. Bastian hat dies Moment einmal sehr treffend an folgendem Beispiel erläutert:

Wenn der Wilde im Dschungel einen Dämon zwischen den Baumzweigen sitzen glaubt, der, auf ihn herabfallend, seinen mit eisiger Hand gepackten Körper im Fieberfrost schüttelt, wenn wir dagegen von einem Miasma reden, so ist der Unterschied im Grunde kein großer; denn wir wissen von unserem Miasma nicht gerade viel mehr, als der Wilde vom Dämon. Nur paßt dieser in sein System, jenes dagegen in das unserige . . . .

Die Vorstellung eines Dämons, eines Geistes ist dem Naturmenschen ein zu naheliegendes, eine zu bequeme und sinnlich faßliche, als daß er sie für ein nichtssagend in sein Ohr tönendes Wortgeklingel aufgeben sollte; im Gegenteil, er setzt den Dämon überall, er vergeistigt sich die ganze Natur, er führt überall ihre Prozesse auf übermenschliche Agentien zurück. (Beiträge zur vergleichenden Psychologie S. 667.)

Da eben das abstrakte Gesetz noch nicht entdeckt ist, muß sich das Kausalitätsbedürfnis des Naturmenschen nach der ihm geläufigen Norm des Denkens an bestimmte, konkrete Wesen halten. Nur unter dieser maßgebenden Voraussetzung ist die ganze bunte Mythologie vom einfachsten Naturgeist bis zur erhabenen Gestalt eines Gottes verständlich und ebenso die Möglichkeit einer Offenbarung aus jener höheren, lichten Welt, die dadurch eben in unmittelbaren Zusammenhang mit unserer Umgebung tritt. Da gerade hier aus begreiflichen Gründen der Reichtum des Materials fast unerschöpflich ist, müssen wir uns notgedrungen auf einige wenige charakteristische Beispiele beschränken.

Den ethnologischen (nicht theologischen) Begriff der Offenbarung können wir uns am besten verdeutlichen, wenn wir an die Ekstase denken, an jenen wunderbaren Zustand der Verzückung, in dem der Sterbliche ein Gefäß göttlicher Kräfte wird, so daß er die Zukunft zu enträtseln und Krankheiten zu heilen vermag. So schildert uns Bastian einen indianischen Lebenstraum in seinen einzelnen Stadien:

> Der Großvater nahm mich bei der Hand (erzählt ein Novize) und führte mich tief in den Wald hinaus. Hier suchte er eine hohe Tanne aus und bereitete mir in derselben ein Lager, auf dem ich mich zum Fasten niederlegen sollte. Wir hieben Büsche ab und flochten diese in den Tannenzweigen durcheinander. Alsdann sagte mir der Großvater, ich dürfte unter keinen Umständen etwas genießen, weder essen noch trinken, keine Beeren pflücken, auch nicht das Regenwasser, das vielleicht fallen möchte, auflecken. Auch müßte ich mich überhaupt nicht von meinem Lager erheben, immer stille liegen, Tag und Nacht mich ganz auf mich selbst beschränken und geduldig der Dinge harren, die da kommen würden. Die ersten drei

oder vier Fastentage waren mir so schrecklich und anstrengend, wie das erstemal, und ich konnte die Nächte vor Hunger und Durst nicht schlafen. Aber ich überwand es, und am fünften Tage fühlte ich nicht viel Plage mehr. Ich verfiel in einen träumerischen und halbstarren Zustand und schlief ein. Aber bloß mein Körper schlief, meine Seele wurde frei und wachte. In den ersten Nächten zeigte sich mir nichts, es war alles still, aber in der achten Nacht, da vernahm ich auf einmal ein Rauschen und Wehen in den Zweigen. Es war, wie wenn ein schwerer Bär oder Elentier durch die Gebüsche und Wälder bricht; mich überfiel eine große Furcht. Ich dachte, es wären ihrer zu viele, eine ganze Menge, und ich wollte Anstalten zur Flucht machen. Der aber, welcher sich mir näherte, erriet meine Gedanken und sah meine Furcht schon von ferne und ließ sich sanft und milde auf die Zweige meines Baumes mir zu Häupten nieder. Darauf fing er an, sich mit mir zu unterreden, und fragte mich: Fürchtest du dich, mein Sohn? Nein, erwiderte ich, jetzt schon nicht mehr. Warum bist du hier in diesem Baum? Um zu fasten. Warum fastest du? Um Stärke zu erlangen und mein Leben zu wissen. Das ist gut, denn es fällt vortrefflich mit dem zusammen, was eben jetzt anderswo für dich geschieht. Gerade in dieser Nacht hat man sich über dich und dein Wohl beraten, und ich bin gekommen, um dir zu sagen, daß der Ratschluß dir sehr günstig war. Ich bin beauftragt, dich einzuladen, damit du selber schauest und vernähmest. Komm, folge mir. Der Geist schwebte mir voran nach Osten, ich ihm nach. Als wir nach langer Zeit auf dem Gipfel eines Berges angekommen waren, fand ich daselbst einen Wigwam erbaut, in den wir eintraten. Er war sehr groß und mit Personen angefüllt, es war eine außerordentliche Ratsversammlung. Einer der vier Männer nahm das Wort und sprach: Steige empor. Er wies auf die Lehne meines steinernen Sitzes hinter mir, und ich sah, daß dieselbe gewachsen war und sich unermeßlich in die Höhe ausgedehnt hatte. Ich erhob mich, kletternd immer höher und höher; endlich kam ich zu einem Platze, wo rund um die Säule vier weißbehaarte Greise in freier Luft saßen. Eine blendend glänzende Kuppel wölbte sich über ihnen. Ich fühlte mich so leicht und wollte noch höher steigen. Aber: Halt, riefen die vier Greise wie aus einem Munde, höher darfst du nicht. Aber dir ist schon genug Schönes und Großes bestimmt schau dich um, hier findest du bei uns alle guten Gaben Gottes, Gesundheit und Stärke und langes Leben und alle Geschöpfe der Natur. Und damit du Krankheit vermeidest, empfange diese Büchse mit Medizin; gebrauche sie in der Not, und bist du in Bedrängnis, so erinnere dich deiner Verzückung und sei unserer eingedenk und alles dessen, was du bei uns siehst. Wenn du zu uns betest, so wollen wir dir helfen und dir beistehen bei dem Meister des Lebens. Du sollst ein tüchtiger Jäger werden und sie alle schießen. Dann sprachen die vier alten Männer zu mir: Deine Zeit ist abgelaufen, wandle zurück. Als ich unten wieder ankam, war der große Rat noch beisammen, und die vier Männer am Stein bewillkommneten mich und sagten mir: Gut, du hast Kühnes unternommen, wir werden alle für dich zeugen, vergiß nichts von dem, was man dir sagte. Und alle, die hier herumsitzen, werden deiner auch gedenken, sie sind allesamt deine Schutzgeister und werden für dich beten. Darauf nahm ich auch hier Abschied und ließ mich auf mein Lager hinab. Ich fand, daß drei Tage darüber vergangen waren, während dieser ganzen Zeit hatte mein Körper daselbst ganz starr und bewußtlos wie ein Leichnam gelegen, nur meine Seele hat so frei in den lichten Räumen gewandert. Dann atmete ich auf, seufzte und regte mich wie einer, der aus tiefem Schlaf erwacht. Auch fühlte ich mich so schwach, daß ich mich nicht rühren und bewegen konnte. (Bastian, Zur naturwissenschaftlichen Behandlungsweise der Psychologie, S. 139.)

Es handelt sich hier um Visionen und Halluzinationen, die durch anhaltendes Fasten hervorgerufen werden. Ähnliches erzählt Schoolcraft von einer jungen Indianerin, die dadurch zur Prophetin geworden war, oder der russische Reisende Priklonski von der Weihung eines Schamanen.

Dasselbe gilt vom dunklen Erdteil, wo der uralte Zauberglaube noch überall in ungeschwächter Form lebt, — selbst der Islam und das Christentum vermögen ihn nicht auszurotten. Die folgende Szene, die Bastian erlebte, bezieht sich auf die übernatürliche Heilung von Krankheiten, also auf ein Wunder, das ja in unmittelbarem Zusammenhange mit der Offenbarung steht, es ist gleichsam um die praktische Verwirklichung dieser Botschaft aus der Höhe:

In einem aufgeschlagenen Mattengemach saß der Kranke zwischen seinen Freunden im Hintergrunde, vor ihm eine Reihe von Musikanten, die lustig auf ihren Instrumenten darauflos spielten und einen Höllenlärm zuwege brachten. An der Hüttenseite links von und vor dem Kranken hockte der Ganga (Priester), damit beschäftigt, sich das Gesicht zu bemalen. Vor der Hütte brannte ein großes Feuer, und aus der Ferne sah man durch das Dunkel die schwankenden Lichter eines Fackelzuges sich nähern, wodurch ein zweiter Ganga herbeigeführt wurde, dessen Begleiter mit phantastischem Kopfputz ausstaffiert waren. Als die beiden Auguren in der Hütte zusammengetroffen waren, wurden zunächst ihre Zauber- oder Medizinsäcke gegenseitig geöffnet und die Farben zum Bemalen geprüft. Dann schwenkte man feierlich die mit magischer Kraft gefüllten Fellbündel über dem Feuer, wohin ein Räucherwerk geworfen war, und hängte sie unter neuem Anblasen an der Wand nebeneinander auf, während auch die Götzenfiguren geordnet und in Reih' und Glied gestellt wurden. Alles war somit fertig für die dämonische Manifestation, die sich nun an dem einen Priester kundgab, indem derselbe unter einem von dem Chor beantworteten Gesange von einem konvulsivischen Hin- und Herschwingen des Körpers ergriffen wurde und in wilden Sätzen emporsprang, tanzend und stampfend, während er die Fetische vor dem Kranken rüttelte und schüttelte. Sein Konfrater, auf der Erde sitzend, ahmte die Bewegungen des Aufrechten nach und begleitete sie mit ähnlichen, dann aber, als die Drehungen und Wendungen rascher, heftiger und immer heftiger wurden, wurde auch er emporgerissen, und nun tollten beide bei dem lauten und lauteren Getobe einer betäubenden Musik in der engen Hütte, über und zwischen den Feuern, zwischen und über den Töpfen, Kisten und Kasten, zwischen und über den Zuschauern hin und her, ohne daß sie sich selbst oder einen der Anwesenden verletzten, bis sie dann unversehens aus der Hütte eilten und im Dunkel der Nacht verschwanden, um dort geheime Beratung zu pflegen. . . Nach der durch den Dämon eingeblasenen Inspiration hatten die Ärzte die Nacht zuvor dahin entschieden, daß die Krankheit verursacht sei, weil der von ihr ergriffene eine durch die Quixilles (Fastengelübde) seiner Familie verbotene Speise gegessen hätte und so den Fetisch, der ihn jetzt strafe, beleidigt habe. Indes war diese Diagnose nicht ganz sicher, da sich bei der Konsultation der drei Priesterärzte einige Meinungsverschiedenheiten kundgegeben hatten, und so begann der Teufelstanz nächste Nacht aufs neue. — Am nächsten Morgen war alles noch im vollen Gange; die ganze Diagnose der ersten Nacht war umgestoßen. Es waren durchaus keine Quixilles im Spiel, sondern die Krankheit durch die Chimbinde (abgeschiedene Seele) eines unlängst Verstorbenen verursacht, indem dies Gespenst aus dem Grabe, zurückgekommen war und sich in dem Kopf des Kranken niedergelassen hatte. (Deutsche Expedition an der Loangoküste I, 55 ff.)

Hovitt, einer der nüchternsten und verläßlichsten Beobachter, schließt eine längere Schilderung australischer Zauberkunststücke mit den Worten:

Wenn der Schwarze nachts am Lagerfeuer schläft und Träume hat, so erklärt er diese, indem er sagt, daß er selber imstande sei, fortzuwandern, wenn auch sein Körper bewegungslos daliegt; er kann dann tätig sein, kann aber auch selber leiden. Während des Wachens sind er und sein Körper unzertrennlich, aber während des Schlafes kann er ihn verlassen und umherschweifen und die Geister anderer Leute antreffen, die er kennt, auch von Fremden, sogar von Toten. So befähigt diese Anschauung von der Wirklichkeit der Träume den australischen Wilden, einen Begriff zu gewinnen über ein individuelles Getrenntsein der Seele vom Körper, und zwar nicht während der Lebzeit, sondern auch nach dem Tode als ein immaterielles, unsichtbares Wesen. Kein Unterschied trennt diesen

Offenbarung und Wunder. 41

Glauben von einem anderen, nämlich von dem, daß einige Personen so begabt sind, die entkörperte Seele an dem Ort sitzen zu sehen, wo der Körper begraben liegt, und nun nicht mehr imstande ist, ihre gewöhnliche Wohnstätte einzunehmen. Diese besonders begabten Seher führen direkt über zu den Ärzten und Zauberern. In seinen Träumen besucht der Schwarze den gewölbten Himmel, jenseits dessen die geheimnisvolle Wohnung jenes großen und machtvollen Wesens liegt, das je nach den verschiedenen Stämmen verschieden heißt, das aber bei allen unter dem Namen bekannt ist, welches soviel wie unser Vater bedeutet. In Träumen sieht er die Toten, welche das Land der Bäume und Ströme bewohnen, und selbstverständlich findet er zwischen diesen jene alten Leute, welche dem Stamm auf Erden als Führer bekannt waren. Es scheint mir, daß dieser Glaube an die Wirklichkeit der Träume, insofern derselbe sich auf das menschliche Selbstbewußtsein, bezieht, einen Schlüssel liefert zu manchem weitverbreiteten Aberglauben. (Bastian, Allerlei zu Volks- und Menschenkunde I, 266.)

Die indianischen Zauberer geben, wie Brinton und andere Berichterstatter versichern, den indischen und persischen Jongleuren nichts nach, und auch hier gilt es, durch besondere Reizmittel die geschäftige Phantasie so anzustacheln, daß sie die überraschendsten Aufschlüsse bietet. Besonders bezieht sich das auf die Prophezeiungen des sog. Zweiten Gesichts. Der obengenannte amerikanische Ethnologe erklärt: Daß unter gewissen Bedingungen Wissen von einem Geist auf den anderen sich übertragen kann, nicht auf dem Wege der gewöhnlichen Sinneswahrnehmung, wird durch die Beispiele der im sympathetischen Rapport stehenden Personen bewiesen. Dessen Grenze kennen wir nicht, aber es ist nicht unwahrscheinlich, daß das Zweite Gesicht sich darauf gründet. Der berühmte Sac-Häuptling Black Hawk erzählt in seiner Lebensbeschreibung, daß sein Großvater von dem Glauben beherrscht war, daß er nach dem Ablauf von vier Jahren einen weißen Mann finden würde, der sein Vater wäre. Unter dem Impuls dieser Vision wanderte er westwärts bis zu einem bestimmten Platz, und hier traf er, wie er vorausgesagt, einen Franzosen, durch den sein Stamm einen Bund mit Frankreich schloß... Dies Beispiel wird übertroffen durch ein solches, das im Atlantic Monthly vom Juli 1866 erzählt wird, dessen Gewährsmann, der verstorbene Oberst John Mason Brown, mir die Wahrheit desselben in jedem Punkte versichert hat. Vor einigen Jahren war er an der Spitze einer Reisegesellschaft auf der Suche nach einer Bande von Indianern irgendwo in den weiten Prärien. Gefahr, Enttäuschung und die Ermattung auf dem Wege bewogen einen nach dem anderen, sich davonzumachen, bis von den ursprünglichen zehn nur noch drei da waren. Auch sie standen auf dem Punkte, die offenbar hoffnungslose Sache aufzugeben, als sie gerade mit einigen Kriegern der Bande zusammentrafen, die sie suchten. Diese waren durch einen ihrer Ärzte ausgesandt, um drei Weiße zu finden, deren Pferde, Waffen, Anzug und persönliche Erscheinung er genau beschrieb, eine Schilderung, die dem Obersten Brown durch die Krieger wiederholt wurde, ehe sie ihre zwei Gefährten erblickten. Als späterhin der Priester, eine aufrichtige und arglose Natur, gebeten wurde, dies seltsame Zusammentreffen zu erklären, konnte er keine andere Erklärung vorbringen, als diese, daß er sie hätte kommen sehen und auf ihrer Reise sprechen hören (vgl. Brinton, The Myths of the New World, Philadelphia 1896 S. 308). Nebenbei bemerkt ist auch nur durch die Ekstase die eigentümliche, schon früher erwähnte Wiedergeburt erklärlich, die sich besonders bei den Pubertätsweihen vollzieht, wo die Jünglinge in die Reihe der wehrfähigen Männer aufgenommen werden. So z. B. im australischen Belli-Paato, das die Eingeweihten alle 25 Jahre empfangen, und wodurch sie eben eine völlige Verwandlung erfahren. Dem Sinne, der Bedeutung nach ist dieselbe übrigens den entsprechenden Riten auf den höheren Kulturstufen gleichzusetzen, — wiederum ein Zeichen für die geistige Einheit des Menschengeschlechts. wenn auch das Detail verschieden sein mag. Das ist der Fall, wie auch Oldenberg rückhaltlos eingesteht, bei der indischen Weihung, der Diksha, die gleichfalls den Zusammenhang mit der Gottheit durch Erzeugung ekstasischer Zustände herbeiführt. Die Götter sind in sie eingegangen, sagt einmal der Rigveda von den im ekstatischen Taumel Erregten und rührt damit an eine Vorstellungsweise, die von den niedrigsten Wildheitsformen der Religion bis in die höchsten hinein eine Rolle gespielt hat (Religion des Veda, Berlin 1894, S. 400).

Die Mittel für diese Verzückung sind ziemlich dieselben, nämlich Fasten, Kasteiung, Atemanhalten, Fixierung eines bestimmten Punktes und dergl.

Diesen Erscheinungen begegnen wir auch noch auf den Stufen verhältnismäßig höherer Gesittung. Der Stifter des Islam, der häufig von epileptischen Anfällen heimgesucht wurde, galt beim gewöhnlichen Volk als Besessener, der mit Dämonen in Verkehr stünde und deshalb zu weissagen vermöchte, obschon er selbst gegen diese Auffassung sich verwahrte und sich lediglich als einen Gottgesandten angesehen wissen wollte. Auch die in Persien so verbreitete mystische Lehre des Sufismus steht mit dieser fanatischen Erregung in mittelbarem Zusammenhange. Einen ausgeprägten künstlerischen Charakter (die Tragödie ging daraus hervor) nahm die Ekstase in Griechenland an, obwohl der religiöse Ursprung unverkennbar ist.

Die Feier ging, wie Rohde schildert, auf Berghöhen vor sich, in dunkler Nacht, beim unsteten Licht der Feuerbrände. Lärmende Musik erscholl, der schmetternde Schall eherner Becken, der dumpfe Donner großer Handpauken und dazwischen hinein der zum Wahnsinn lockende Einklang der tieftönenden Flöten, deren Seele erst phrygische Bläser erweckt hatten. Von dieser wilden Musik erregt, tanzt mit gellendem Jauchzen die Schar der Feiernden. Wir hören nichts von Gesängen; zu solchen ließ die Gewalt des Tanzes keinen Atem. Denn dies war nicht der gemessen bewegte Tanzschritt, in dem etwa Homers Griechen im Päan sich vorwärts schwingen, sondern im wütenden, wirbelnden, stürzenden Rundtanz eilt die Schar der Begeisterten über die Berghalden dahin. Meist waren es Weiber, die bis zur Erschöpfung in diesen Wirbeltänzen sich umschlangen, seltsam verkleidet; sie trugen langwallende Gewänder, wie es scheint, aus Fuchspelzen genäht, sonst über dem Gewande Rohfelle, auch wohl Hörner auf dem Haupte. Wild flattern die Haare, Schlangen halten die Hände; sie schwingen Dolche oder Thyrsosstäbe, die unter dem Efeu die Lanzenspitze verbergen. So toben sie bis zur äußersten Aufregung aller Gefühle, und im heiligen Wahnsinn stürzen sie sich auf die zum Opfer auserkorenen Tiere, packen und reißen mit den Zähnen das blutige Fleisch ab, das sie roh verschlingen (ein charakteristisches Überbleibsel der bei den Naturvölkern herkömmlichen Szenen). Aber welchen Sinn hat dies alles? Die Teilnehmer an diesen Tanzfeiern versetzten sich selbst in eine Art von Manie; eine ungeheure Überspannung ihres Wesens, eine Verzückung ergriff sie, in der sie rasend, besessen sich und anderen erschienen. Diese Überreizung der Empfindung bis zu visionären Zuständen bewirkten bei hierfür Empfindlichen der rasende Tanzwirbel, die Musik, das Dunkel, alle Veranstaltungen dieses Aufregungskultus. Diese äußerste Erregung war der Zweck, den man erreichen wollte...

Einen religiösen Sinn hatte die gewaltsam herbeigeführte Steigerung des Gefühls darin, daß nur durch solche Überspannung und Ausweitung seines Wesens der Mensch in Verbindung und Berührung zu treten glaubt mit einem Wesen höherer Ordnung, mit dem Gott und seinen Geisterscharen. Der Gott ist unsichtbar anwesend unter seinen begeisterten Verehrern, oder er ist doch nahe, und das Getöse des Festes dient, den Nahenden ganz heranzuziehen... Das Ganze könnte man ein religiöses Schauspiel nennen; denn mit Absicht sind die Mittel zur Vergegenwärtigung der fremdartigen Gestalten aus dem Geisterreich vorbereitet. Zugleich aber ist es mehr als ein Schauspiel; denn man kann nicht daran zweifeln, daß die Schauspieler selbst von der Illusion des Lebens in einer fremden Person ergriffen waren. Die Schauer der Nacht, die Musik, namentlich jene phrygischen Flöten, deren Klängen die Griechen die Kraft zuschrieben, die Hörer des Gottes voll zu machen, der wirbelnde Tanz, das alles konnte in geeigneten Naturen wirklich einen Zustand visionärer Überreizung hervorbringen, in dem die Begeisterten alles außer sich sahen, was sie in sich dachten und vorstellten. Berauschende Getränke, deren Genuß die Thraker sehr ergeben waren, mochten die Erregung erhöhen, vielleicht auch der Rausch gewisser Samenkörner, durch den sie sich, wie die Skythen und Massageten, zu berauschen wußten. Man weiß ja, wie im Orient noch jetzt der Haschischrausch

Visionäre macht und religiöse Verzückungen erregt. Die ganze Natur ist dem Verzückten verwandelt. Zu der Halluzination gesellt sich ein Zustand des Gefühls, dem selbst der Schmerz nur ein Reiz der Empfindung ist, oder eine Empfindungslosigkeit gegen den Schmerz, wie sie bisweilen solche überspannte Zustände begleitet. Alles stellt uns eine gewaltsame Erregung des ganzen Wesens vor Augen, bei der die Bedingungen des normalen Lebens aufgehoben schienen.

Man erläuterte sich diese aus allen Bahnen des Gewohnten schweifenden Erscheinungen durch die Annahme, daß die Seele dieser Besessenen nicht bei sich sei, sondern ausgetreten aus ihrem Leibe (wiederum dieselbe Analogie bei den Naturvölkern, die auch gelegentlich — so die Hawaiier — ausdrücklich zwischen einer an den Körper gebundenen und einer umherschweifenden Seele unterscheiden). Wörtlich so verstand es der Grieche ursprünglich, wenn er von der Ekstasis der Seele in solchen orgiastischen Reizzuständen sprach. Diese Ekstasis ist ein vorübergehender Wahnsinn, wie der Wahnsinn eine dauernde Ekstasis ist. Aber die Ekstasis, die zeitweise alienatio mentis, im dionysischen Kult gilt nicht als ein flatterndes Umherirren der Seele in Gebieten eines leeren Wahns, sondern als eine Hieromanie, ein heiliger Wahnsinn, in dem die Seele, dem Leibe entflogen, sich mit der Gottheit vereinigt. Sie ist nun in und bei dem Gott, im Zustande des Enthusiasmos, die von diesem Ergriffenen sind entheoi, sie leben und weben in dem Gotte; noch im endlichen Ich fühlen und genießen sie die Fülle unendlicher Lebenskraft. In der Ekstasis, der Befreiung der Seele aus der beengenden Haft des Leibes, ihrer Gemeinschaft mit dem Gott, wachsen ihr die Kräfte zu, von denen sie im Tagesleben und durch den Leib gehemmt nichts weiß. Wie sie jetzt frei als Geist mit Geistern verkehrt, so vermag sie auch, von der Zeitlichkeit befreit, zu sehen, was nur Geisteraugen erkennen, das zeitlich-örtlich Entfernte. Aus dem enthusiastischen Kult der thrakischen Dionysosdiener stammt die Begeisterungsmantik, jene Art der Weissagung, die nicht auf zufällig eintretende und wie von außen herantretende, mannigfach deutbare Zeichen des Gotteswillens warten muß, sondern sich unmittelbar, im Enthusiasmus mit der Götter- und Geisterwelt in Verbindung setzt und so in erhöhtem Geisteszustand die Zukunft schaut und verkündigt. Das gelingt dem Menschen nur in der Ekstasis, im religiösen Wahnsinn, wenn der Gott in den Menschen fährt. Mänaden sind die berufenen Träger der Begeisterungsmantik. Es ist gewiß und leicht verständlich, daß der thrakische Dionysoskultus, wie er durchweg eine Veranstaltung zur Erregung eines gewaltsam überspannten Zustandes der Menschen war, zum Zwecke eines direkten Verkehrs mit der Geisterwelt, so auch die Wahrsagung verzückter, im Wahnsinn hellsehender Propheten nährte. (Psyche. Seelenkult und Unsterblichkeitsglaube der Griechen. II, 9 ff.)

Für den Kenner dieser durch zahlreiche anderweitige Zeugnisse belegten Erscheinungen bei anderen Völkern verliert dieser dionysische Festzug das Befremdliche, das ihm auf den ersten Blick vielleicht anhaften mag; bis in die geringfügigsten Einzelheiten hinein wiederholt sich der Vorgang: Der Rausch, die durch den Tanz bis zur völligen Raserei gesteigerte Begeisterung, die selbst vor Menschenopfern nicht zurückbebt, die Ekstase als Vorbedingung zur göttlichen Offenbarung. Übrigens war dies Moment so wichtig, daß es auch bei der apollinischen Weissagung, dieser Verklärung und Reinigung der rohen dionysischen Feiern, durchaus nicht fehlte; auch hier konnte die Enträtselung der dunklen Zukunft nur erfolgen auf Grund der durch jene Steigerung der gewöhnlichen Empfindung bewirkten Annäherung an die Gottheit, also der durch sie vermittelten Offenbarung.

Es würde zu weit führen, wollten wir diese Anschauungen, die namentlich späterhin in der

Mystik ihren konsequenten Ausdruck fanden, kulturgeschichtlich genau verfolgen; einzelne Streiflichter müssen genügen. Plotin, der große Neuplatoniker, und mit ihm die Gnostiker betonten gleichfalls diese völlige Entäußerung des gewöhnlichen Lebens und Denkens bis zum Stadium der für göttliche Offenbarungen erforderlichen Empfänglichkeit, wo das Individuum völlig in der Gottheit untergeht. Genau dieselbe Auffassung entwickelten die großen deutschen Mystiker des Mittelalters, allen voran Meister Eckehart, der die völlige Passivität des Menschen unnachsichtlich verlangt. Überall handelt es sich um die Ertötung des individuellen Ich mit seinen besonderen Trieben (deshalb eben auch das Ausschalten des Willens), sonst kann die ersehnte Vereinigung mit der Gottheit nicht vor sich gehen. (Wir beziehen uns hier auf eine anschauliche Schilderung einer im 16. Jahrhundert lebenden spanischen Nonne, die später heiliggesprochen wurde, bei Ribot, Pathol.-psychiatr. Studien, Berlin 1893 S. 107 und ähnlich Weinel, Wirkungen des Geistes und der Geister, Freiburg i. Br. 1899 S. 77 ff.) Diese religiöse Ekstase, in der dann die Offenbarungen des göttlichen Geistes erfolgen, schließt, wie gesagt, den persönlichen Willen völlig aus, und zwar durch eine Art Hypnose; in dieser Beziehung bekundet sich ein scharfer Gegensatz zu anderen Formen religiöser Entartung, wie dem Veitstanz, der Epilepsie usw., wo gerade das motorische Nervensystem am stärksten erregt ist.

Diese religiöse Verzückung richtet sich ganz ausschließlich auf ein jenseitiges Ideal, in das es völlig unterzutauchen bestrebt ist, es ist die

Offenbarung und Wunder. 49

überall wirksame Vereinigung mit der Gottheit, die unio mystica, um die es sich handelt, sei es in den griechischen Mysterien, in den Dionysosfeiern oder bei den Gnostikern, den mittelalterlichen Mystikern bis in unsere angeblich so irreligiösen Tage hinein. Um nur ein Beispiel anzuführen, so sei auf den russischen Ekstatiker und Sektenbildner Maljowanny hingewiesen, der von seinen Anhängern als Christus verehrt wurde (er wirkte gegen Ende des vorigen Jahrhunderts). Diese mystische Verzückung, die natürlich den ganzen Organismus ergreift und erschüttert, bewirkt dann auch, wie bereits früher angedeutet, die Wiedergeburt des Menschen, wie sie ungemein feinsinnig in den indischen Upanishaden geschildert ist. Ähnlich, nur ganz auf dem Boden christlicher Ideen, verhält sich die Darstellung des Dionysius, mit dem Beinamen des Areopagiten (aus dem 6. Jahrhundert n. Chr.); die gewöhnlichen Kräfte des Menschen, ja, die sinnliche Wahrnehmung müssen in erster Linie verdrängt werden, verschwinden, wenn die Annäherung an die Gottheit gelingen soll. Damit verknüpft sich das Geständnis von der Unzulänglichkeit der menschlichen Erkenntnis, der Eingeweihte gehört fortan nicht mehr sich selbst, sondern der unendlichen Gottheit. Die weitere logische Konsequenz führt dann zu der schon früher erörterten Lehre von der Inkarnation Gottes, der tatsächlich vom Menschen Besitz genommen hat und nun aus ihm redet. Daher der Gottgesandte, der Mittler und Prophet, der an der Pforte jeder neuen religiösen Entwicklung steht, heiße er nun Moses, Zoroaster, Buddha, Mohammed oder Christus.

Die Offenbarung göttlicher Geheimnisse erfolgt meist auf Grund einer Inspiration, selbstverständlich nach vorheriger Ekstase. Das ist psychologisch schon in den niederen Formen der Naturreligionen zu bemerken, nur daß alles in grobsinnlichen Beziehungen und Vorstellungen sich erschöpft. Bei den Montanisten, einer christlichen Sekte aus dem zweiten Jahrhundert, tritt es ganz besonders deutlich hervor, daß der Mensch nur das Organ der übernatürlichen Offenbarung ist. Es ist ihm, wie Weinel auseinandersetzt, wie im Traum, als sei er nur der Zuschauer oder Zuhörer dessen, was die fremde Macht, die ihn in Besitz genommen, redet und tut. Er hört nur wie im Traume eine ferne, fremde Stimme reden, die sich seiner Sprachorgane bedient, wie ein Plektron, das die Saiten schlägt. Und dieser Zustand ist über ihn gekommen, als ob etwas Fremdes auf ihn geflogen sei, wie ein Windstoß oder ein betäubender Geruch. Und dies alles schildert nicht der Mensch, sondern der Gott in ihm (Weinel, a. a. O. S. 92). Diese Inspiration, diese Erfüllung und Erleuchtung mit übernatürlicher Kraft zeigt sich auch darin, daß ihre Träger, bis dahin vielfach ungebildet, jetzt plötzlich in dichterisch vollendeter Form sich auszudrücken verstehen, so daß, wie am Pfingstfest, sich die Menschen nicht genug wundern können. Ähnliches finden wir z. B. auch bei den alttestamentlichen Propheten oder, um ein ganz modernes Beispiel anzuführen, bei der Seherin von Prevorst:

> Hier lieg ich bebend / Vor dir, Erbarmer,
> Ich Arme, ich Kranke / Ich Schwache, ich Kranke,
> Du nimmst den gehorsamen / Kindern den Schmerz,
> Du bist der Allwissende, / Siehest mein Herz.

Offenbarung und Wunder.

Die ganze griechische Poesie war eine Wirkung göttlicher Inspiration, nach christlicher Auffassung freilich böser Geister. Die mänadisch-religiöse Ekstase hat in den Bacchantinnen des Euripides einen klassischen, hier und da freilich etwas rhetorisch gefärbten Ausdruck gefunden. Übrigens bezeichnete sich der strenge Rationalist Sokrates als einen von einer geheimen göttlichen Stimme Gelenkten, er fühlte sich überhaupt als Organ der Gottheit in seinem ganzen Auftreten. Plato nennt den Philosophen geradezu einen von Gott Besessenen, und so empfand er sich selbst auch als einen göttlichen Seher und Propheten, der eine neue Lebensordnung für alle, gleich wie er, vom reinsten Idealismus beherrschten Menschen zu entwerfen und zu begründen suchte.

Nach dem das ganze Menschen- und Volksleben durchziehenden Dualismus gilt die Offenbarung und Verzückung nicht nur für Gott und seine Heerscharen, sondern umgekehrt auch für den Teufel und alle bösen Dämonen, und nun beginnt, wie Bastian erklärt, unter der Leitung kluger Priester der Kampf der schwarzen mit der weißen Magie, wofür übrigens schon der in den Büchern Mose erzählte Vorgang in Ägypten ein recht charakteristisches Beispiel liefert. Hatte sich neben dem reinen Kultus des Himmels noch eine Verehrung der unterweltlichen Götter aus dem alten Fetischismus erhalten, so mußten die diesen versehenden Priester bald von den anderen mit verdächtigen Augen betrachtet und in eine den Zauberern ähnliche Stellung verdrängt werden. Die Römer luden die Götter zu belagernder Städte ein, ihren Sitz auf dem Kapitol zu nehmen, aber das Christentum verwandelte das zahllose Heer der heidnischen Dämonen, Heroen und Götter in ebenso viele Teufel, alle gleich schwarz und häßlich (Mensch in der Geschichte III, 98). Ebenso radikal verfuhr der persische Avesta mit den überlieferten indischen Gottheiten, die einfach zu Diws, zu Teufeln gestempelt wurden. Auch im Kultus der Naturvölker stehen sich die offiziell beglaubigten Zauberpriester und irgendwelche anderen Nebenbuhler gegenüber. Die Besessenheit vollends durch böse Geister (besonders wenn Krankheit und Tod des Menschen auf dem Spiel stehen) ist ein stets wiederkehrendes Kapitel in der Religionsgeschichte aller Völker; daß das Christentum diesem traurigen Wahn ganz besonders hartnäckig angehangen hat, beweist der Schandfleck der Hexenprozesse, an denen die protestantische, wie die katholische Kirche einen gleich traurigen Anteil haben.

Zur Offenbarung gehören unmittelbar Wunder und Zeichen, die anscheinend den natürlichen Lauf der Dinge durchbrechen, so daß sie stets vom Volk als unwiderlegliche Zeugnisse des göttlichen Willens aufgefaßt werden. In mehr oder minder gröberer oder feinerer Form ziehen sich diese durch die Propheten und Religionsstifter vollführten Taten durch die ganze Geschichte der Religion hindurch, von den rohen Stufen des Fetischismus und der Zauberei an bis zu den höheren Entwicklungsphasen hin. Eine unbefangene psychologische Auffassung muß von vorneherein den flachen Standpunkt der Aufklärung und des auch heute noch herrschenden Materialismus ablehnen, der in diesen

Erscheinungen lediglich Betrug und Aberglauben erblickt. Das eingehende Studium der Hypnose und Suggestion hat uns in dieser Beziehung ganz andere Perspektiven eröffnet. Auch hier ist es zweckmäßig, auf die Naturvölker zurückzugreifen, weil wir hier die ausschlaggebenden psychischen Dispositionen viel klarer zu erkennen vermögen, als in der modernen, Phantasie und Gefühl zugunsten des Verstandes mehr einschränkenden Kultur. In erster Linie ist selbstverständlich die Persönlichkeit des Wundertäters von besonderer Bedeutung; es ist wahrlich kein Zufall, daß die Zauberpriester und Ärzte bei den Naturvölkern durchweg Menschen von ungemeiner Sensibilität sind. Dazu kommt die Neigung zu Illusionen und Halluzinationen, die sich bei hochgradiger Phantasietätigkeit ganz von selbst einstellen, von gewissen anästhetischen Kraftleistungen noch ganz zu schweigen.

Wer den Medizinmann, schreibt Bartels, bei den Klamatt-Indianern zu einem erkrankten Familienmitgliede ruft, bleibt vor der Tür der Hütte stehen, welche voll ist von überirdischen Wesen. Die Männer in Victoria fürchten sich, sie anzutasten, und fügen sich daher allen ihren Anforderungen; die Weiber zittern vor ihnen, weil sie sie verwunden, ihnen das Nierenfett rauben, sie unfruchtbar machen und ihre Kinder töten könnten. Die Sahaptin-Indianer sterben oft aus Furcht vor des Medizinmanns bösem Blick, und auch bei den Wascow-Indianern wird geglaubt, daß, gegen wen er seinen gräßlichen Blick schleudert, dem sicheren Tode verfallen sei. Man muß daher in ihrer Gegenwart das Haupt abwenden oder verbergen, um ihren erzürnten Blicken zu entgehen. Wenn einer von dem Gedanken erfaßt ist, daß er von einem Medizinmann schrecklich angeblickt worden ist, so siecht er dahin, zehrt ab, oft verweigert er zu essen und stirbt

54 Allgemeine Bestandteile der Religion.

durch Verhungern und Melancholie. (Medizin der Naturvölker S. 51.)

Da Krankheit und Tod für den Wilden keine natürlichen Vorgänge sind, sondern umgekehrt hervorgerufen durch Eingriffe von Dämonen, so ist es ganz begreiflich, daß Ärzte und Priester ein und dieselbe Person sind, und die Krankheitspflege unmittelbar in den Ritus hineingreift. Der Verkehr mit den Geistern ist ja Gottesdienst. Und dieselben übernatürlichen Fähigkeiten muß der Medizinmann besitzen, wenn es sich um die Enträtselung der Zukunft handelt, um Entdeckung neuer Jagdgründe, um Herbeiführen von Regen usw. Der typische Hergang, wie der Kranke von dem in ihn eingefahrenen Dämon befreit wird, ist folgender:

Die Heilkraft des Medizinmannes besteht darin, Zaubersprüche über ihm herzusagen und dabei mit einer Kürbisklapper mit Kügelchen im Innern zu rasseln und zu singen, eine symbolische Darstellung des eingedrungenen Wesens, aus Rinde gefertigt, unter Zeremonien zu erschießen, am Orte des Leidens zu saugen, um den Geist auszutreiben, endlich Schüsse abzufeuern, wenn man glaubt, daß er auf der Flucht sei (Tylor, Anfänge der Kultur II, 128).

Sind die bösen Geister mächtiger und hartnäckiger, so tritt dazu wütende Verzückung (auch wohl körperliche Selbstverletzung), Schaum vor dem Munde, konvulsivische Zuckungen, Wälzen auf der Erde usw., bis der Dämon ausfährt. Die Exorzisation, die Teufelaustreibung, bildet von den niedrigsten Entwicklungsstufen, durch das Medium der Griechen und Römer, der orientalischen Völker bis zu den mittelalterlichen und gelegentlich auch noch bis zu den neueren Zeiten eine ununterbrochene Kette von Erscheinungen, die auf uralten animistischen Vorstellungen über die anomale Steigerung der seelischen Kräfte des Menschen beruhen. Auch Christus, so sehr es ihm widerstrebte, um bloßer Schaulust willen aufsehenerregende Wunder zu verrichten, konnte nach Lage der Sache nicht umhin, auch in dieser Beziehung der herrschenden Richtung seiner Zeit entgegenzukommen, zumal ja auch die Anschauungen von dem Widerstreit eines Gottesreiches und einer sündenerfüllten, von Dämonen und bösen Geistern beherrschten Welt durch das Judentum den ersten Bekennern der neuen Lehre ganz geläufig waren. Auch die Apostel haben nicht völlig auf dies tief einschneidende Mittel religiöser Erschütterung Verzicht leisten können, — man erinnere sich nur des unheimlichen Todes der Sapphira, der sichtlich großen Eindruck hinterließ und, psychologisch genommen, auf Suggestion zurückgeführt werden muss. Den Magiern, den auf teuflische, dämonische Einflüsse sich stützenden Zauberern, die natürlich auch nicht Betrug und allerlei Kunstgriffe verschmähten, war Tür und Tor geöffnet, und es ist nur zu begreiflich, daß sich gegen sie der Eifer und Ingrimm der christlichen Bekenner vorzugsweise richtete. Besonders galt das von den so bitter gehaßten Gnostikern, die nicht nur geheime Sprüche anwandten, sondern auch Arzneien, Räucherungen, Zauberbänder, kurz, den ganzen Apparat der üblichen Exorzisation. Den Gipfel dieser wunderbaren Heilung bildet die durch das Gebet hervorgerufene Verzückung; auch das Neue Testament erkennt die Bedeutung dieses Mittels rückhaltlos an, so, wenn es Mark. 9, 29 heißt: Diese Art (von Dämonen) kann durch nichts vertrieben werden, als durch

Gebet. Bis in die neueste Zeit hinein läßt sich dies beobachten, so bei den Gebetsheilungen des schwäbischen Pfarrers Blumhardt. Höchst dramatisch ist die Schilderung, die ein Pater Surin von sich selbst entwirft:

Ich kann nicht beschreiben, was in mir dann, wenn der böse Geist aus dem Leibe der Besessenen in den meinigen fährt, vor sich geht, und wie dieser Geist sich mit dem meinigen vereinigt. Ich behalte zwar mein Bewußtsein und die volle Freiheit meiner Seele, und doch bildet der fremde Geist in mir eine Art zweiten Ichs, so daß ich zwei Seelen zu haben glaube, von denen die eine die Herrschaft über den Körper und seine Teile eingebüßt hat und sich nun abseits hält, um die andere, von außen eingedrungene Seele zu beobachten. Die Seele ist gleichsam in zwei Teile geteilt, die eine Hälfte des Ich ist den teuflischen Eindrücken unterworfen, die andere hat noch ihre eigenen, von Gott eingegebenen Regungen. (Ribot, Die Persönlichkeit, S. 138.)

Es ist kein Wunder, wenn dies therapeutische Verfahren auch in allen Religionen als besonders erfolgreich gilt, ganz besonders, wenn irgendeine längere Tradition den diese Funktion ausübenden Priesterstand schützt. Bei den Indern, Persern, Ägyptern, Juden usw. ist es stets die Verwendung des heilkräftigen Wortes im Kultus, das den gewünschten Erfolg verbürgt. Wirksam ist deshalb in erster Linie das Gebet, das inbrünstige Anrufen der Götter durch den Gerechten. So unterscheidet das persische Religionsbuch Vendidah drei Arten von Heilungen der Krankheiten, die chirurgische, die medizinische und die des Besprechens durch das Wort Honover, das alle bösen Geister verscheucht. Als Zoroaster, so wird erzählt, vom Orakelberge Ormuzds herabkam, traten ihm Zauberpriester und ein Heer von Dämonen entgegen. Da ward er zornig und fing an mit Avesta im Zend; sofort flohen alle Devs und verbargen sich in den Abgründen der Erde. Die Magier erfüllte Schrecken und Verzweiflung; ein Teil starb, die anderen baten um Gnade. Ähnliche Zauberkraft besitzen die Worte des Korans, die vor Gefahren, als Amulett getragen, schützen. Auch bei uns machen Gebete und Segenssprüche kugelfest. In denselben Zusammenhang gehören die buddhistischen Papierstreifen — am häufigsten findet sich die bekannte Formel: Om mani padme hum —, welche die findigen Chinesen durch Mühlen treiben lassen, um sich selbst damit das Sprechen zu ersparen. Im weiteren praktischen Verlauf wird dann, wie begreiflich, die ursprüngliche Ekstase, die für den Ritus die unausweichliche Vorbedingung bildet, vergessen, und dafür tritt ein bloß mechanischer Betrieb in Gestalt einfach gedächtnismäßigen Auswendiglernens und Zitierens bestimmter Sprüche und Formeln ein. Die ursprüngliche Kraft geistiger Erregung zeigt sich noch bei Christus, und wie er selbst Wunder verrichtete, so sagte er auch: Wer an mich glaubet, der wird die Werke, die ich tue, auch tun, und größere als diese Werke wird er tun (Joh. 14, 12). Und wenn auch die Kirche aus nicht unbegründeter Furcht, daß damit Mißbrauch getrieben worden wäre, diese Praxis nicht geradezu absichtlich empfohlen hat, so schreibt doch noch Tatian: Durch das Wort der göttlichen Kraft erschreckt, fliehen die Dämonen voll Furcht, und der Kranke wird geheilt. In diesem Sinne einer gotterfüllten Begeisterung sind dann auch alle anderen Heilungen aufzufassen, die im Namen Gottes späterhin geschahen, wofern wir es mit konkreten Tatsachen, die sich eben meist durch die Suggestion zwanglos erklären lassen, zu tun haben. Verstärkt wird diese Macht auch wohl durch eine mit elementarer Wucht ganze Massen der Gebetsversammlungen ergreifende Erregung, wo alle Anwesenden, wie durch ein psychisches Kontagium erfaßt, sympathetisch unter dem zwingenden Bann einer einzigen sie beherrschenden Idee stehen. Als ein handgreifliches Beispiel für die zähe Kraft solcher Anschauungen mag hier zum Schluß der kulturgeschichtlichen Umschau eine Äußerung aus einem Brief eines französischen Missionars in China stehen aus dem Jahre 1862:

Können Sie es glauben? Zehn Dörfer haben sich bekehrt. Der Teufel wütet und verübt hundert Streiche. Während der vierzehn Tage, seit ich predige, kamen fünf bis sechs Fälle von Besessenheit vor. Unsere Katechumenen treiben die Teufel durch Weihwasser aus und heilen die Kranken. Ich habe wunderbare Dinge gesehen. Der Teufel kommt mir bei der Bekehrung der Heiden sehr zustatten. Wie in den Tagen unseres Heilandes kann er, obgleich der Vater der Lüge, doch nicht umhin, die Wahrheit zu sagen. Da ist ein armer Besessener und ruft unter tausend Konvulsionen mit lauter Stimme: Warum predigst du die wahre Religion? Ich kann nicht dulden, daß du mir meine Schüler fortnimmst. Wie heißt du, fragte ihn der Katechet. Nach einigem Zögern antwortete er: Ich bin der Abgesandte Luzifers. Wieviel seid ihr? Wir sind zweiundzwanzig. Das Weihwasser und das Zeichen des Kreuzes haben diese Besessenen wiederhergestellt. (Tylor, Anfänge II, 144.)

Tylor bemerkt sarkastisch, als er von der gleichen Behandlung epileptischer Kranker in Spanien berichtet: Vielleicht kommt dieselbe bald außer Gebrauch, wenn es bekannt wird, mit welchem Erfolge man in neuerer Zeit diese Krankheit mit Bromkalium behandelt.

Offenbarung und Wunder erweisen sich somit
für eine zusammenfassende Betrachtung als unentbehrliche Bestandteile der Religionen in ihrer
geschichtlichen Entwicklung; natürlich haben sich
die Ansichten über ihre Bedeutung im Laufe der
Jahrhunderte gewandelt, je nach dem allgemeinen
geistigen Niveau. Kann man vielleicht auch behaupten, daß Erlösung und Offenbarung Korrelatbegriffe sind, aneinander geknüpft, so gestalten sich
doch die mythologischen Vorstellungen über den
Verkehr der Himmlischen mit den Erdenkindern
und über die Verkörperung der Himmlischen in
Menschenform nach den Zügen der Weltanschauung
überhaupt. Auch in dieser Beziehung, besonders,
was die Geburt der großen Religionsstifter angeht,
zeigt sich hier bei aller ethnographischen und kulturgeschichtlichen Verschiedenheit eine überraschende
Übereinstimmung in wichtigen Dingen, eine typische
Gleichartigkeit (jungfräuliche Geburt, wunderbare
Taten, geheimnisvolles Verschwinden usw., — wir
werden später ausführlich auf diesen Punkt zurückkommen). Aber es ist unleugbar, daß allmählich
eine gewisse Idealisierung der ursprünglich rohen
und materiellen Anschauungen stattgefunden hat.
Schon das Aufgeben des Himmels als des Wohnsitzes der Gottheit mußte, wie Lotze mit Recht
bezüglich des Christentums bemerkt hat, diesen
Verlauf begünstigen. Nicht darin liegt die Bedeutung
der Auferstehung, daß der Auferstandene wieder
wie sonst einen Körper trägt, der Lichtwellen in das
Auge sendet, sondern darin, daß ohne diesen Umweg
seine lebendige eigene Gegenwart, nicht nur die
Erinnerung an ihn, die Seele innerlich ergreift und

auf sie wirkend ihr in einer Gestalt erscheint, deren wirklicher Wiederaufbau geringeren Wert haben würde, als diese Kraft des Erscheinens (Mikrokosmus III, 365). Ohne uns dieser etwas gezwungenen Deutung anzuschließen, möchten wir nur soviel daraus entnehmen, daß die religiösen Vorstellungen, wie alle anderen, sich nach dem Stande des übrigen gesamten geistigen Niveaus verändern und eine gewisse Verinnerlichung erfahren. Auch das ist bemerkenswert, daß nicht so sehr mehr die Natur den Schauplatz der göttlichen Offenbarung bildet, sondern das menschliche Leben in seiner Entwicklung, das ursprünglich mythologische Bild verblaßt allmählich in seiner bunten Pracht. In uns selbst geschieht diese göttliche Einwirkung, nicht draußen in der unbelebten Außenwelt, das Suchen nach der Gottheit und die sehnsüchtig verlangte Vereinigung mit ihr in der Ekstase sind Prozesse der eigenen seelischen Erregung, der freilich anderseits gewisse allgemeine sozialpsychische Strömungen entsprechen. Damit hängt endlich unmittelbar zusammen (auch das ist typisch) eine sittliche Vertiefung der ganzen Auffassung; läßt sich ein primitiver roher Stamm an bloß äußeren Effekten genügen, bedeutet hier Offenbarung lediglich eine Steigerung an Macht und Kraft, so verknüpft eine höhere Bildung mit diesen Begriffen sittliche Forderungen. Der Priester ist zunächst allein in seiner Person der Vertreter der Gottheit, die sich deshalb nur ihm (wenigstens unmittelbar) offenbart. Wächst die Gemeinde der Gläubigen, so bedarf es, um verhängnisvolle Spaltungen hintanzuhalten, fester, untrüglicher Normen, die mit unbedingter Autorität auftreten können.

Offenbarung und Wunder.

Daraus entsteht die Vorstellung von inspirierten Büchern, die weit über menschliches Verstehen und Wissen kanonische Kraft besitzen. Fünf Länder haben, wie Max Müller schreibt, solche heiligen Bücher hervorgebracht, nämlich Indien, Persien, China, Palästina und Arabien. Keiner der großen Religionsstifter hat irgendwelche schriftlichen Aufzeichnungen hinterlassen, das war stets Sache des späteren Apostel. Es ist nur zu begreiflich, daß durch eine solche Fixierung eines bestimmten Wortlautes eine Hemmung, ja eine völlige Erstarrung in der organischen Entwicklung der religiösen Vorstellungen eintritt — der Buchstabe tötet, allein der Geist macht lebendig —, wovon alle Religionen ein nur zu beredtes Zeugnis ablegen. Faßt man aber, wie oben erwähnt, den Begriff der Offenbarung im streng sittlichen Sinne als eine Läuterung und Heiligung des ganzen Menschen, die sich eben durch die immanente, ununterbrochene Wechselwirkung der Gottheit mit dem Menschen vollzieht, so kann demgemäß auch die Wiedergeburt nicht als ein einmaliger, übernatürlicher Akt gedacht werden, sondern als eine stetige, immer wieder sich erneuernde Verwandlung. Somit bezieht sich auch letzten Endes die christliche Lehre von der Offenbarung in ihrem Wesen nicht auf eine fernliegende Vergangenheit, mit der wir keine innere Fühlung mehr besitzen, sondern auf unsere sittliche Bestimmung, auf die unsere Zukunft beherrschenden Ideale; mit anderen Worten: Offenbarung und Wunder haben ihre wahre Bedeutung für uns als Symbole der eigenen Erlösung aus Not und Tod, der Heilsbotschaft, die auch an uns ergeht. Dieser wertvolle ethische Gedanke, der für unsere Lebensführung entscheidend ist, verträgt aber auch noch eine weitere Verallgemeinerung; denn dies Ideal hat nur insofern Sinn und Bedeutung, als es den unerschütterlichen Glauben an eine gerechte Weltordnung, an den endlichen Sieg des Guten über alle hemmenden Mächte der Finsternis voraussetzt. Ohne diese letzte Gewähr würde die persönliche Befreiung schließlich eine recht traurige Illusion sein, die uns nur eine Zeitlang über den wahren Tatbestand hinwegzutäuschen vermöchte. Anderseits gewinnt dadurch unser eigenes unermüdliches Streben nach Reinheit und Seligkeit eine nicht zu unterschätzende Stütze, indem dies Ziel zugleich als eine gottgewollte Forderung erscheint, als die ideale Norm der Dinge, die wir durch unsere Entwicklung zu verwirklichen berufen sind. So sind die einzelnen genialen Persönlichkeiten, die Lichtbringer und Stifter höherer Gesittung auf Erden, denen vorzeiten eine göttliche Erleuchtung zuteil geworden ist, Träger eines verborgenen Weltplanes, an dessen glücklicher Entfaltung auch wir unmittelbar, je nach unseren Kräften verschieden, mitzuwirken berufen sind. Und so trüge die Herstellung des „Reiches Gottes auf Erden" die eigentliche sittliche Berechtigung des Glaubens an die Offenbarung in sich, eine Offenbarung, die sich fortdauernd in dem geschichtlichen Werdegang der Menschheit trotz aller Rückfälle in Tierheit und Barbarei vollzieht und gleichsam tagtäglich sich erneuert. Mit vollem Rechte mußten früheren Generationen die religiösen Heroen als göttliche Propheten und Gottessöhne erscheinen, und wenn eine spätere nüchterne Kritik manche mythische Züge als Zutaten einer gestaltungskräftigen Phantasie entfernt hat (das gilt namentlich bei den legendarischen Wundererzählungen), so bleibt doch jener Kern einer sittlichen Wiedergeburt, die durch das Wirken jener den Zeitgenossen ermöglicht ist, ungeschmälert bestehen. Diese Offenbarung und diese Wunder der Erneuerung und Heiligung im Lichte göttlichen Wandels ist somit ein integrierendes Moment der Weltgeschichte, des Fortschrittes zum Ideal, das auch in uns sich immerfort wirksam zeigt. Freilich wird die völlige Erlösung von Schuld und Sünde immer nur eine sittliche Forderung bleiben, der keine vollendete Tatsache entspricht; ein Zustand völliger Seligkeit ist, wie ohne weiteres klar ist, eine Utopie, eine glänzende Fata Morgana. Den Schluß dieser ganzen Erwägung bildet die denknotwendige Konsequenz, daß uns die Offenbarung vermöge der gottgeweihten Sendboten der Heilsbotschaft zur letzten Weltursache, zu Gott selbst, emporhebt, in dem erst das menschliche Herz, nach dem schönen Schriftwort, Ruhe findet. Das veranlaßt uns, den Unterschied und die etwaige Versöhnung des orthodoxen und des kritischen Standpunktes noch mit einigen Worten zu beleuchten.

In allen weltgeschichtlichen Religionen, das Christentum nicht ausgeschlossen, tritt der Unterschied allgemeiner sittlicher und durch die besonderen Zeitumstände bedingter Vorstellungen und Forderungen hervor; die letzteren sind vergänglich, wandelbar, die ersteren ewig, von universeller Bedeutung und Geltung. Zu jenen gehören z. B. die Vorstellungen vom messianischen Weltreiche, von der Austreibung böser Geister, von den Sakramenten, dem Priester usw., zu diesen die Idee der göttlichen Liebe (ein spezifisch christliches Kleinod), welche die Sünde vergibt und in nie ermattender Barmherzigkeit sich auch des schlimmsten Verbrechers annimmt. Dieser Gegensatz kehrt gleichfalls in der Lehre von der Offenbarung wieder, die für die kirchliche Auffassung in einer einmaligen Tat besteht, vollzogen in der Erscheinung des Gottessohnes, während die kritische Betrachtung die ganze Welt als eine dauernde Manifestation der Gottheit faßt, ohne deren ununterbrochene Wirksamkeit überhaupt kein Werden und Geschehen denkbar ist. Die Idee eines sittlichen, reinen, Gott wohlgefälligen Lebenswandels bildet den eigentlichen Kern dieser Anschauung, die sich deshalb allen Kultusmitteln der Kirche gegenüber (Sakramente, Opfer, Gebet usw.) gleichgültig oder ablehnend verhält. Darin liegt sichtlich der Widerspruch begründet, daß die Vernunftreligion nach Kants Ausdruck mit der Selbstbestimmung des Menschen in der Erlösungsfrage die eigene sittliche Tätigkeit in den Vordergrund rückte unter Abweisung aller sogenannten Gnadenmittel, während das Ziel dieses Ringens um Wiedergeburt dem Gehalte nach jener Ansicht gleicht (es handelt sich in beiden Fällen um die Erlösung, diesen Mittelpunkt aller Religion). Selbst der schärfste Radikalismus wird sodann nicht umhinkönnen, der Orthodoxie zuzugestehen, daß in Christus die Höhe des sittlichen Ideals der Menschheit erschienen ist, wie nie zuvor und nie nachher. Diese Anerkennung der geschichtlichen Offenbarung, wie sie in dieser schlechthin einzigartigen Persönlichkeit der Welt zuteil geworden ist, enthält die Möglichkeit einer Versöhnung mit der Orthodoxie.

natürlich ohne daß deren starre Lehre irgendwie übernommen zu werden braucht. Denn nun setzt die schon oben berührte Forderung ein, daß alle Entwicklung nur verständlich wird auf Grund einer ununterbrochenen Wechselwirkung zwischen Gott und Mensch, einerlei wie wir uns immer das höchste Wesen denken. Selbst unter Verzicht auf alle mythische Ausschmückung und auf alle geschichtliche Bedingtheit der Religionsstifter werden wir gerade, um der Einheit der Weltanschauung und der Reinheit des sittlichen Ideals gerecht zu werden, an der Idee einer fortlaufenden, in Natur und Geschichte wirksamen Offenbarung festhalten, wie sie die tiefsten Denker und Dichter von jeher verkündet haben. Eben hierin bekundet sich auch der kraftvolle optimistische Zug der Religion, lebenerweckend, kulturfördernd im schärfsten Gegensatz zu aller Weltflucht und Weltverachtung der Mystik und Askese, wie sie ihren schärfsten Ausdruck im buddhistischen Nirwana gefunden hat. Schon um dieses schöpferischen Idealismus wegen gebührt dem Christentum, man sage, was man wolle, der Primat unter allen Weltreligionen.

§ 5. Der Mythus.

Die überreiche Fülle des Materials, die dem Forscher gerade auf diesem Gebiete begegnet, erschöpfen zu wollen, ist hoffnungslos, wenigstens in dem engen Rahmen, der uns hier gesteckt ist; es kann sich hier nur um charakteristische Grundzüge handeln. Vorab muß gegenüber allen ästhetisierenden und symbolisierenden Versuchen aber festgestell werden, daß der Mythus nicht als glänzendes Spiegelbild einer künstlerischen Phantasie aufgefaßt werden kann, sondern umgekehrt als konkrete Realität, an die der Naturmensch ebenso felsenfest glaubt, wie der orthodoxe Christ an die Wahrheit der Bibel und der göttlichen Offenbarung. Erst später, wenn der große Pan gestorben ist, wenn die unerbittliche Kritik einsetzt, tritt das Symbol in Kraft, aber dann ist es eben mit der Ursprünglichkeit des naiven Glaubens rettungslos vorbei. Die schrankenlose Beseelung des Weltalls darf somit nicht, wie die Sprachwissenschaft meist wollte, nur als eine feinsinnige dichterische Umbildung der Wirklichkeit gefaßt werden, sondern im religiösen Sinne als ein organisches Erzeugnis des Denkens und Empfindens der Naturvölker. K. v. d. Steinen hat durch jahrelange Beobachtungen bei den durchaus primitiven brasilianischen Waldindianern sich davon überzeugt; er fand, daß die verschiedensten Tiere tatsächlich als Besitzer wertvoller Dinge angesehen wurden.

Wie ist ein solcher Unsinn möglich? — ruft er aus! Das ist natürlich alles symbolisch gemeint, erklärt der Träger der Kulturbrille und hält die Frage für erledigt. Ich kann nur herzlich lachen, wenn ich mir die indianischen an der Anschauung klebenden Jäger und Fischer mit symbolischen Tieren hantierend denke wie die Dichter, Maler, um auch der niederen Geister nicht zu vergessen, die ihre Trade-mark erfindenden Patentinhaber unserer zivilisierten Welt. (Unter den Naturvölkern Zentralbrasiliens, S. 344.)

Die verschiedenartigen, aus den entlegensten und ohne jede Berührung miteinander stehenden Gegenden entnommenen Belege erhärten diese **Auffassung** durchaus, die übrigens auch psychologisch sich als notwendig ergibt. Denn es ist klar, daß hinter jedem Symbol eine Wirklichkeit steht, und daß somit diese jener vorangeht als selbstverständliche Grundlage, nicht dieses jener. Die Alëuten-Bewohner glauben, daß die Beleidigung des Mondes bewirken würde, daß dieser Steine auf seinen Verächter herabschleudert; der Apache-Indianer fragt: Glaubst du nicht, daß Gott, diese Sonne, sieht, was wir tun, und uns bestraft, wenn es böse ist? Die australischen Ureinwohner versichern, daß nicht nur die Sterne im Gürtel und in der Degenscheide des Orion junge Männer sind, die einen Korrobori tanzen, sondern daß ihr höchster Gott, den sie Ginabong-Bearp, Fuß des Tages, nennen, ein Häuptling unter den alten Geistern gewesen sei, jener Rasse, die in den Himmel versetzt wurde vor der Schöpfung der Menschen. Die Eskimos bezeichnen die Sterne im Oriongürtel als Verwilderte (sie haben den rechten Heimweg verfehlt) und glauben, daß früher alle Sterne Menschen oder Tiere gewesen sind. Ähnlich berichten die Kasias in Bengalen von Menschen, die auf den Gipfel eines Baumes (natürlich des Himmelsbaumes) geklettert sind; da die Zweige abgehauen wurden, so konnten sie nicht wieder herunterkommen, — ganz ähnlich in polynesischen Sagen, wo nur die Wendung statt in den Himmel in die Unterwelt eintritt. Die Personifikation der Naturgestalten, wie wie sie das buntschillernde Gewand der Mythologie darstellt, ist psychologisch gar nicht anders zu verstehen als ein Erzeugnis des festen Glaubens an die Wesenhaftigkeit dieser Mächte, die ja auch nach naiver Anschauung häufig handgreiflich genug ihre Kraft geltend machten. Selbst solche Erscheinungen, wie z. B. der Regenbogen, werden zu Göttern erhoben, so von den Karenen in Indien, die erzählen, er könne Menschen verschlingen, und dann stirbt der Betreffende eines gewaltsamen Todes. Ähnlich berichtet eine neuseeländische Sage von einem wütenden Kampfe des Regenbogens und Stromes mit Tane-mahuta, dem Vater der Bäume. Jede Krankheit und jeder Tod ist nach animistischer Grundanschauung ein Werk übelwollender Geister, — noch jetzt legt unser Ausdruck: Hexenschuß beredtes Zeugnis davon ab, die ganze Pathologie der Besessenen ist darauf begründet. Erde und Himmel, in unvordenklichen Zeiten aufs innigste miteinander vereint, so daß es der stärksten Anstrengungen bedurfte, sie zu trennen, sind selbstverständlich gleichfalls göttliche konkrete Wesen. Einfacher noch und schlichter ist die Vorstellung von der Erde als Mutter und vom Himmel als Vater, so bei den Indianern und Peruanern oder bei den Indern, was wieder seinen Reflex auf die Griechen wirft, die die Vereinigung von Himmel und Erde in Uranos und Gaia sich vollzogen dachten. Die chinesische Auffassung zeigt dasselbe Doppelbild des Himmels und der Erde mit der für das Reich der Mitte charakteristischen praktischen Moral, daß der Himmel den Mann, die Erde die Frau geschaffen habe, deshalb sei diese jenem untertan. Wie sinnlich und anschaulich all diese Vorstellungen waren, wie so weit entfernt von aller Abstraktion und aller Symbolik, das zeigen auch die so weit verbreiteten Erzählungen über die mörderischen Ungeheuer, die Sonne und Mond zu verschlingen drohen, — deshalb suchen ihnen die Menschen bei plötzlichen Verfinsterungen mit Waffengerassel und Schreien zu Hilfe zu kommen, um die feindlichen Dämonen zu verscheuchen. Wie tief dieser Glaube wurzelte, mag der Hinweis auf die Erzählung Tacitus' veranschaulichen, der berichtet, daß die Pläne der Verschworenen gegen Tiberius durch eine plötzliche Mondfinsternis vereitelt seien, da man sich nun hätte überzeugen müssen, daß die Götter das Unternehmen nicht begünstigten. Das immer wiederkehrende Schauspiel vom Verschwinden des Tages vor der Dunkelheit wird durchweg so erklärt, daß jener von der Nacht verschlungen werde, ebenso wie der Sommer durch den Winter vernichtet oder wenigstens in Haft gesetzt wird (daran knüpfen sich dann die bekannten poetisch ausgeschmückten Sagen von der Befreiung der schönen Jungfrau durch einen starken, mutigen Helden).

An diese großen Götter reihen sich dann Gottheiten zweiter Ordnung, Heroen, Kulturbringer, wie Prometheus, Hephästos, Maui, Viracocha, Menabodzo, Loki u. a., die gelegentlich die Gestalt des hohen Himmelsgottes, wenigstens beim niederen Volk, in den Hintergrund drängen, oder Demiurgen, die bei der Weltschöpfung tätig sind. Hina leistete nach den Vorstellungen der Tahitier dem Himmelsschöpfer Raitubu bei der Bildung der Welt Hilfe, bei den Malaien der Gott Batara Guru, der eben eben erwähnte Maui (eine ungemein populäre Figur in Polynesien) fischte die Erde aus der Tiefe herauf; bei den Zulus steht an der Spitze, am Anfange aller Dinge, Unkulunkulu, der Ururalte, der erste Mensch, von dem die Zulus abstammen. Berühmt ist der babylonisch-assyrische Gott Marduk, Sohn Êas, der ebenso wie der indischen Indra gegenüber Agni ursprünglich nur in zweiter Reihe steht. Er ist ein kriegerischer Gott und ein großer Jäger; mit seiner Wunderwaffe, dem Blitz, in der Hand, begleitet von seinen vier Hunden, Zerstörer, Fresser, Greifer und Wegschlepper, den vier Winden als gewaltigen Mächten, bekämpft er die Geister der Finsternis, den dunklen Wolkendrachen des Gewitters und der Nacht und verhilft dem Lichte wieder zum Siege. Darum ist er ein wohltätiger Gott, nur den Bösen schrecklich, ein Retter und Heiler, Geber des Lebens, Gott der Schöpfungskraft und als Lichtgott auch Oberrichter. In den alten Liedern und Beschwörungsformeln erscheint er besonders als Mittler zwischen dem Menschen und seinem Vater, und zu Babel war sein Orakel berühmt. Später nimmt seine Macht und sein Ansehen immer mehr zu; er erhält den Titel Bel beli, d. h. Herr der Herren, der nur dem höchsten Gotte gebührt, und wird der Anführer der Götter, der König von Himmel und Erde, ja sogar der Gott des Weltalls. Diese Verschiebung der Machtsphären gibt es übrigens häufiger. Aber auch bei den eigentlichen Naturvölkern finden wir solche Nebengötter, die ihre Rolle bei der Entstehung der Welt spielen.

Auf eine genauere Auseinandersetzung und Schilderung dieser kosmogonischen und der damit verknüpften theogonischen Sagen können wir uns hier nicht wohl einlassen. Es kommt auch vor, (was freilich recht selten ist), daß die Tätigkeit einer bestimmten Gottheit ganz wegfällt, so in dem wunderbaren Tempelgedicht: He pule heiau, das Bastian seinerzeit in der Königlichen Bibliothek zu Honolulu entdeckte, wo die ganze Entstehung der Welt und aller Lebewesen im streng evolutionistischen Sinne aufgefaßt ist. Das spekulative Nachdenken pflegt meist von einzelnen, nicht weiter ableitbaren Urprinzipien auszugehen, die dann auch wohl direkt personifiziert werden: So bei den Babyloniern von Apsis-Tiamat, den Ägyptern von Nun, der Geist und Stoff in sich vereinigt, den Iraniern von Zrvanakarana, dem schlechthin eigenschaftslosen Urraum, den Indern von Tad, der vom finsteren Raum umhüllten Urmaterie, — das Chaos des Hesiod und das Ginnungagap der Völuspa der Germanen entsprechen diesem absolut leeren Raum. Bei anderen Völkern (so bei den Polynesiern, Indern oder Griechen) ist es der Urschoß der Nacht, aus dem alles entsteht, gelegentlich auch mit scharfer dualistischer Fassung von gut und schlecht, am stärksten bei Zoroaster durch die Feindschaft des Ahriman gegen Ormuzd. Schon bei der Entstehung der Erde und ihrer Lebewesen zeigte sich dieser unversöhnliche Gegensatz; als Ahriman aus seiner Ohnmacht erwachte und das Werk des Ormuzd erblickte, bedeckte er die Erde dicht mit giftigen Schlangen und Kröten, die aber durch einen dreißig Tage und Nächte anhaltenden Regen wieder vernichtet werden. Der Urstier, von dem alle Geschöpfe abstammen, wurde durch die List Ahrimans getötet, aber aus seinem Samen entstand das erste Menschenpaar, das in Gestalt einer Staude aus der Erde sproßte. Diese erhielt allmählich menschliche Gestalt, vom Himmel herab kamen die früher schon geschaffenen Seelen und belebten die Körper: So entstanden die ersten Menschen Mashiah und

Mashianah. In den meisten Kosmogonien finden sich Weltbildner, wie schon bemerkt, — der babylonische Maruduk, der indische Brahmanaspati (wörtlich Herr des Gebetes, eine Personifikation des schöpferischen Brahma), hat die widerstrebende Welt wie ein Künstler zusamengeschweißt; nur selten haben wir es mit einem wirklichen Weltschöpfer zu tun, der das All aus dem Nichts hervorzaubert, wie in der Genesis oder im indischen Tad, der durch inbrünstige Betrachtung seiner selbst die Welt aus sich hervorbringt; oder aber es handelt sich um eine Verbindung beider Auffassungen: So bei den Ägyptern, wo der ursprünglichen Absicht des Gottes Nun sich später Ra als die eigentliche kosmogonische Kraft hinzugesellt. Eine hervorragende Rolle bei der Weltbildung spielt vielfach das Ei, so bei den Indern, Ägyptern, Polynesiern, den Orphikern u. a. Dasselbe gilt vom Lotus, von manchen Bäumen, wie der Esche, dem Weltenbaume in der germanischen Mythologie. Bei den Malaien begegnen wir, wie bei so manchen Naturvölkern, einer sehr entwickelten Baumverehrung, die wie immer zwischen Furcht und Hoffnung schwankt. Auf Baumriesen sind kleine Häuschen angebracht, als Wohnsitz des Geistes, dem Opfer dargebracht werden. Die Palme Rirong wird auf Gräbern und an die Eckpfosten neuer Häuser angepflanzt; dem Reis begegnet man auf den einzelnen Entwicklungsstufen wie einem beseelten Wesen und bringt ihm Opfer dar. Um andere Bäume hat sich ein ganzer Sagenkreis gewoben, der, wie meist, auch je nach den sozialen Abstufungen des Volkes, eine verschiedene Färbung annimmt. Bei den Australiern ist das Holz gewisser Bäume in den Händen der Zauberer von wunderkräftiger Wirkung. Es werden daraus Stäbchen verfertigt, besonders der Plongge genannte Knotenstock, durch dessen Berührung der Mensch in Schlaf versinkt. Auf Neuseeland taucht der Priester bei der Namengebung einen grünen Zweig ins Wasser und besprengt unter geheimnisvollen, den Umstehenden meist unverständlichen Sprüchen das Haupt des Kindes. Auch in anderen Beziehungen ist der Baum mythologisch bedeutsam; auf ihm gelangt der Polynesier zur Unterwelt, die Götter steigen auf den Zweigen desselben zur Erde; weitverbreitet ist die Anschauung, daß die Menschen aus Bäumen enstanden sind, kurz die Beseelung des Naturmenschen hat auch hier nicht Halt gemacht. Daß die Tiere nun gar als Inkarnationen des göttlichen Geistes gefaßt werden, ist allbekannt; es gibt schlechterdings kein Naturvolk, das sich von dieser Verehrung ausschlösse, von den eigentlichen Wilden an bis zu den verhältnismäßig hochgebildeten Ägyptern oder Persern. Für die nordamerikanischen Indianer ist diese Anschauung so maßgebend, daß sie zu einer scharfen sozialen Gliederung des Totem geführt hat, worüber noch später zu sprechen.

Wie die Mythologie einerseits die religiösen Vorstellungen in ihrer Beziehung zur Natur enthält, die eben beseelt aufgefaßt wird nach der Analogie des eigenen menschlichen Empfindens, so stellt sie anderseits gleichsam ihren Höhepunkt dar in der Schilderung des Verhältnisses zwischen Gott und Mensch; das ist der eigentliche Mittelpunkt des ursprünglichen Seelenglaubens, der Religion, und deshalb hat hier auch der Kultus, wie wir nachher schen werden, mit der sozial so bedeutsamen Priesterschaft eingesetzt. Grundlegend ist der überall verbreitete, allgemein menschliche Ahnenkult, die Verehrung der abgeschiedenen Geister der Vorfahren, namentlich der Häuptlinge und Priester, wobei stets dieselben psychologischen Beweggründe wiederkehren, die durch die Natur oder die Umgebung selbst geboten sind, nämlich Sympathie und Achtung oder Autoritätsgefühl. Aber das gilt nicht nur von den eigentlichen, schon früher behandelten Schutzgeistern, die bis zu den aufgeklärten Zeiten eines Cicero ihre Rolle im Volksglauben gespielt haben, wo also der unmittelbare persönliche Zusammenhang unabweislich ist, und auch sittliche Motive ins Spiel kommen mögen, sondern auch von der so naheliegenden Übertragung und Verwandlung der Naturgeister in solche göttliche Wesen, die für das ganze soziale Leben von ausschlaggebender Bedeutung werden. Wenn die Huronen den Himmel verehren, so opfern sie ihm auch Tabak, um sich seiner Gunst zu versichern, weil es von ihm abhängt, die Jahreszeiten zu bestimmen und gutes Wetter zu schicken. Ähnlich sprechen die Sulu vom Zorn des Himmels, dessen Unwillen man im Gewitter verspüren könne. Auch bei den Samojeden und Finnen läßt sich dieser Prozeß beobachten; ihr Gott, der Himmel, ist der Uralte, Erste, der Lenker des Himmels, an den sich die Menschen mit ihren Gebeten um gedeihliches Fortkommen wenden. Schon der Ackerbau festigt dies ursprünglich lose Band immer mehr; wie der Donnergott eigentlich nur Zerstörung und Verwüstung bringt, so verdanken die Saaten ihr Aufblühen dem gütigen Regengott, der deshalb so häufig verehrt wird. Die altgriechische Göttin Gaia entfaltet sich später zur segensreichen Göttin Demeter, deren ewiges Feuer im Tempel zu Mantinea brannte; die Römer erkannten ihre völlige Gleichartigkeit mit ihrer Göttin Terra Mater. Tacitus fand dasselbe in der germanischen Göttin Nerthus oder Hertha, deren heiliger Hain auf einer Insel im Ozean stand, und deren Wagen von Kühen durch das Land gezogen wurde; eine Zeit voll Freude und Wonne für die Sterblichen brach dann an, bis die Göttin, des Verkehrs mit den Menschen müde, von ihrem Priester zum Tempel zurückgebracht und mit dem Wagen in einem verborgenen See gebadet wurde, der dann die dabei hilfreichen Sklaven verschlang. In ähnlicher Weise werden die anderen elementaren Naturmächte zu persönlichen göttlichen Wesen umgewandelt, die nun einen besonderen Kultus genießen. So spielte der Feuergott im alten Mexiko eine bedeutende Rolle, obschon er nahe verwandt war mit dem Sonnengott; bei jeder Mahlzeit wurde das Erste von Speise und Trank ins Feuer geworfen und der Gottheit an jedem Tage Weihrauch verbrannt; zweimal im Jahre wurden zu seinen Ehren Feste gefeiert. In Asien hat besonders die assyrisch-babylonische und die phönizische Feuerverehrung eine hohe Berühmtheit und einen weitgehenden bis nach Israel sich erstreckenden Einfluß erlangt. Der indische Feuergott Agni verliert später seine ursprünglichen sinnlichen Züge und Eigenschaften, um dafür sittliche Momente anzunehmen, ebenso wie die römische Vesta oder die griechische Hestia. Auch die Parsis, die Anhänger des Zoroaster, ver-

ehren das Feuer und vermeiden, es zu verunreinigen;
aber sie verwahren sich entschieden gegen die
Unterstellung, daß sie Götzenanbeter seien, vielmehr
sei das Feuer für sie lediglich das kräftigste Symbol
der Gottheit, auch hier ist die allmähliche Vergeistigung unverkennbar.

Das Verhältnis des Menschen zu Gott läßt sich
nun zweifach auffassen, entweder steigt die Gottheit
vom Himmel herab zu den armen und unwissenden
Menschenkindern, indem sie im Gottmenschen
sich verkörpert, oder umgekehrt nähern sich die
Menschen den Göttern, sie werden ihrer irdischen
Hinfälligkeit entkleidet und unsterblich, — das
sind die in Sage und Dichtung hochgefeierten
Heroen und Kulturbringer, den Schutzgeistern, die
das Leben des einzelnen Menschen sorgsam bebeschirmen, nahe verwandt. Die Grenzen beider
Sphären sind flüssig, sobald der anfänglich harte
Gegensatz verschwindet. Es wird auch wohl ein
stimmter Zeitpunkt für die Götterherrschaft festgesetzt, so in Ägypten vor König Menes; daher ist
auch jeder Nachfolger ein Sohn der Sonne, ein
Sonnengott, von der Mutter Erde geboren. Bei der
Erschaffung der Menschen durch Ra, den strahlenden
Sonnengott, hatte der verborgene Sonnengott Tum
ihnen eine der seinigen gleiche Seele verliehen
(vergleiche das Einblasen des göttlichen Odems in
der biblischen Schöpfungssage, ähnliches bei den
Naturvölkern, nur meist gröber). Jeder Tote wird
in der Unterwelt, wenn er nur mit den erforderlichen
magischen Kenntnissen ausgerüstet ist, zum Osiris
selbst, um sich als solcher im siegreichen Kampfe
gegen die dunklen Mächte des Todes und der

Finsternis zu bewähren. Die schärfste Ausbildung dieser Inkarnationslehre bietet wohl die griechisch-christliche Spekulation der Logosidee, der fleischgewordenen Gottheit, wo die Einheit des göttlichen und menschlichen Wesens in Christus bis in alle Einzelheiten hin fast spitzfindig verfolgt ist, ähnlich wie die stets sich wieder erneuernde Wiedergeburt Buddhas im Dalai-Lama im tibetanischen Lhassa. Noch viel verbreiteter ist der Glaube an Halbgötter, Kulturbringer, Heroen, die wohl gar durch eigene Kraft sich in schweren Kämpfen die Unsterblichkeit erringen, während der Schamane und Zauberer nur für eine Zeitlang der Gottähnlichkeit auf Grund der Ekstase teilhaftig werden kann. Dahin gehören, um nur einige Beispiele aus der Fülle des Materials anzuführen, z. B. der Gott Michabo bei den Algonkins, Joskeha bei den Irokesen, Quetzalcoatl bei den Azteken, Itzamma und Kukulcan bei den Mayas und besonders Viracocha bei den Quicha (in Peru). Überall wiederholen sich die typischen, charakteristischen Züge: jungfräuliche Geburt, Verkörperung der Sonne und des Lichtes, Stifter höherer Gesittung (des Ackerbaues, der Zeiteinteilung, rätselhaftes Verschwinden und häufig die Erwartung einer späteren Rückkehr). Namentlich der zuletzt genannte peruanische Gott zeigt überraschende monotheistische Elemente, eine befremdliche sittliche Reinheit und Vollendung, so daß man wohl an christliche Einflüsse gedacht hat, was aber entschieden von berufenen Kennern, wie u. a. von Brinton, in Abrede gestellt wird. Wie wenig fest aber die beiderseitigen Grenzen der göttlichen und menschlichen Welt sind, ersieht man am besten daraus, daß es vorkommen kann, daß ein Halbgott durch Leichtsinn und Frevel seines Vorrechtes verlustig geht und sich nun wieder mit dem gewöhnlichen Schicksal begnügen muß. Oder ein Gott heiratet ein sterbliches Weib (oder umgekehrt), so daß dadurch das ungetrübte göttliche Bild verblaßt, die Nachkommen wohl gar sterben oder nach den Inseln der Seligen entrückt werden. Ganz bezeichnend ist auch die Erzählung des Pausanias, daß die Bewohner von Marathon alle in der Schlacht Gefallenen göttlich verehrten, indem sie dieselben Heroen nannten; den in der Schlacht bei Platää Getöteten wurden sogar Opfer dargebracht. Neben rein mythischen Gestalten (besonders kommen dafür die so weit verbreiteten Sonnensagen in Betracht) begegnen wir auch wohl geschichtlichen Persönlichkeiten, Königen, wie Sargon von Agade in Babylonien oder den ägyptischen Pharaonen, den chinesischen Kaisern früherer Dynastien, oder Weisen, wie Laotse und Konfuzius (Kongtse) im Reich der Mitte — um die Gestalt jenes hat sich bald ein üppiger mythischer Kranz gewoben, er soll als siebzigjähriger Greis auf die Welt gekommen, später verschwunden und zu den Göttern entrückt sein usw. —, vor allem den großen Religionsstiftern Mahavira, Buddha, Zoroaster, Moses, Mohammed, Christus. Es ist übrigens bezeichnend für die unerwüstliche Kraft des Animismus, daß selbst in dem rationalistischen China bis vor kurzem der Kaiser jährlich zweimal dem Geist des Konfuzius in einem Tempel opferte. In den ethischen Religionen, besonders im Christentum, sind für die Heroen und Halbgötter die Heiligen eingetreten, durchweg mit besonderen Wunderkräften ausgerüstet, so daß sie auch meist keines natürlichen Todes sterben. Opferte man früher dem Jupiter Pluvius, gingen die Frauen in ihren feierlichen Gewändern auf einen Hügel mit nackten Füßen und aufgelöstem Haar, so übertrug man im Mittelalter dies ungezwungen auf verschiedene Schutzheilige, die man durch entsprechende Prozessionen und Kasteiungen zu erbitten suchte. Im Altertum war Romulus nach seinem Tode zu einer Gottheit erhoben, die der Entwicklung kleiner Kinder besonders günstig war, so daß Mütter und Ammen ihre schwächlichen Kinder in einem kleinen Tempel am Fuß des Palatin darbrachten. Später wurde dort eine Kirche des heiligen Theodorus errichtet, in der noch Frauen in stiller Verehrung mit ihren Kindern den Schutz des Heiligen erflehten. Fast jeder Beruf ist mit einem solchen Heiligen und Fürsprecher versehen, Lukas für die Maler, Peter für die Fischhändler, Sebastian für die Bogenschützen, Cäcilia für die Musiker usw. Daß hier auch nicht die abenteuerlichsten Wunder fehlen, versteht sich von selbst, auch war die Phantasie besonders tätig, die furchtbarsten Qualen, welche die Bekenner der christlichen Religion seitens ihrer Feinde zu erleiden hatten, recht kraß auszumalen. In denselben Zusammenhang gehörten (wenigstens ursprünglich) die Dämonen, die nach Hesiod anfänglich rein göttliche Wesen waren, als Schutzgeister von Gott auf die Erde gesandt. Für die meisten Naturvölker besitzen die Dämonen eine böse, schädigende Bedeutung, man hat sich vor ihnen ängstlich zu hüten, sie bringen Krankheit und Tod, nur reichliche Opfer können ihren Zorn beschwichtigen; die **christliche**

Kirche hat begreiflicherweise diese Anschauung verstärkt. Für den phantastischen, an keine Gesetzlichkeit und strenge Kausalität gewöhnten Naturmenschen ist die ganze Welt erfüllt von solchen schlimmen Geistern, die den Sterblichen auf Schritt und Tritt umlauern. Die Australier sind der Ansicht, daß die Seelen der unbeerdigten Toten zu Dämonen werden; die Kariben, daß von den verschiedenen Seelen des Menschen die einen an den Strand gehen und Boote umstürzen, andere in den Wäldern zu bösen Geistern werden; die Patagonier leben in steter Furcht vor den schlimmen Rachetaten ihrer Zauberer; die Chinesen glauben, daß die Seelen von Aussätzigen und Bettlern den Lebenden empfindlichen Schaden zufügen können; in Neuseeland bilden die Seelen der Häuptlinge und Krieger eine niedere, aber ungemein tätige Ordnung der Gottheiten, welche die Maoris in die Schlacht begleiten, ihren Mut anfeuern und jeden Verstoß gegen das heilige Gesetz des Tabu unnachsichtlich bestrafen. Die den Menschen mit Krankheiten und Tod heimsuchenden Geister, zumal wenn sie von dem Unglücklichen Besitz genommen haben, wieder durch kräftige Beschwörung auszutreiben, ist, wie wir schon gesehen haben, Sache des klugen Priesters. Auch sonst glaubt der leicht erregbare Sinn des Naturmenschen sich überall von Kobolden und Dämonen bedroht, die sich im tiefen Wald oder sonstwo verstecken, so daß man, wie die Niam-Niam erzählen, ihre unheimliche Stimme im Rauschen der Blätter vernehmen könne. Zu den nächtlichen Dämonen gehören auch die Incubi und Succubi. ferner die Vampire; jene plagen den Menschen mit schreckhaften Träumen, so daß er schweißgebadet und von Angst erfüllt aufwacht, diese saugen ihren Opfern nachts das warme Blut aus, dessen sie zur Existenz bedürfen, bis jene, zum Gerippe ausgemergelt, einen frühzeitigen Tod finden. Zu dieser Sippe gehören sodann die Hexen, die bösen Frauen mit dem schlimmen, schädigenden Blick (übrigens keineswegs, wie man wohl gemeint hat, lediglich ein mittelalterlicher Glaube, sondern auf uraltem animistischen Grunde ruhend und deshalb auch sehr weitverbreitet) und endlich die eigentlichen Teufel, im schärferen Dualismus, so im Zendavesta und in der Bibel, zu persönlichen Widersachern und unversöhnlichen Feinden Gottes entwickelt, in primitiver Form und Fassung dagegen überall auf allen religiösen Entwicklungsstufen nachweisbar. So wissen die Indianer in Florida von einem bösen Gott Toia zu erzählen oder die Brasilianer von einem Dämon Epel, der bezeichnenderweise nur nachts tätig ist, oder an der Loango-Küste genießt der böse Geist, der besänftigt werden muß, noch häufiger eine Verehrung als der gütige, der sich auch ohnedies schon gnädig und hilfsbereit erweist. Immerhin ist die Vorstellung von einer gerechten Vergeltung böser Taten eine verhältnismäßig seltene und späte, während der Glaube an eine Unterwelt, meist ein Ort des Schreckens, ein weitverbreiteter ist. Nur unter dem Druck eines schärferen Dualismus, wie im Bekenntnis des Zoroaster und in unserer Religion, findet sich der Gedanke an ein selbständiges Reich des Teufels, obwohl dasselbe keine ewige Dauer beanspruchen kann. Ganz vereinzelt ist, wie schon hervorgehoben, der Kultus der Teufelsanbeter in Syrien, der Jezidis, die der seltsamen Hoffnung leben, daß ihr Gott später noch einmal zur Herrschaft gelangen werde. Das Umgehen der Gespenster, eine uralte Anschauung, hat neuerdings, beiläufig bemerkt, eine unverdiente Wiedergeburt im Spiritismus erfahren, ein Beweis für die unverwüstliche Lebenskraft des Animismus.

§ 6. Der Kultus.

Der Kultus ist völkerpsychologisch ein unlösliches Glied der Religion überhaupt, einerlei, wie man auch über den sittlichen Wert der einzelnen Bestandteile, z. B. des Opfers oder des Gebetes, denken möge. Es kann keinen Kundigen überraschen, das anfänglich in kindlicher Naivität krasser Egoismus vorherrscht, und sich erst später reinere Vorstellungen Bahn brechen. Nicht minder ausgedehnt ist der Umfang des Kultus, da bei dem ursprünglichen Animismus eben alles und jedes, was irgendwie die Aufmerksamkeit des Naturmenschen erregt, und von dem er sich eine Förderung oder Schädigung seiner Interessen verspricht, Gegenstand göttlicher Verehrung werden kann. So die Bäume, wie schon früher erwähnt; noch jetzt lassen sich Spuren dieser uralten Anschauung feststellen: So gilt auf der Insel Skye ein Baum für unverletzlich, so daß ihn niemand zu berühren wagt; ebenso kräftig blüht jetzt noch der Baumkultus in Livland. Dasselbe gilt von dem gesamten dunklen Erdteil, von großen Strichen Asiens usw. Auch die religiöse Perspektive des Bodhibaumes bei Gautama ist aus dieser Anschauung abzuleiten, ebenso die Verehrung

Der Kultus.

des Homa bei den Persern. Nicht minder weitverbreitet ist der Steinkultus; wie der roh zusammengewürfelte Haufen in Polynesien oder die kunstvolle, von verschiedenen Generationen erbaute Pyramide in Mexiko und Ägypten oder die riesenhaften Steinbauten in Kambodja und Yukatan oder endlich die Topa in Indien überall an den Tod anknüpfen, so werden auch die Steine zu Sitzen der Gottheiten, so daß jene meist auch eine entsprechende künstlerische Bearbeitung erfahren. Ob es ein Stein ist, mit dem z. B. in Assam jeder Tote gekennzeichnet wird, oder der berühmteste aller arabischen Steine, der in die Kaaba eingemauerte vorislamitische oder der ägyptische Obelisk oder sonst irgendein berühmter Malstein (z. B. die oft angeführten Fetischbilder auf der Osterinsel), immer bricht wieder der ursprüngliche dämonologische Grundcharakter durch: es handelt sich um die Verkörperung eines Ahnen und späteren Gottes in dem Kultus. Womöglich noch verbreiteter ist das Holzbild, so bei den Griechen die uralten bemalten Xoana, die Vorläufer der herrlichen Marmorbildsäulen. Von den Naturvölkern seien folgende Beispiele aufgeführt: Die Damaras in Südafrika stellen bei ihren Opfern die Vorfahren durch Pfähle dar, denen man das Fleisch zuerst vorsetzt. Ebenso machen es die Dinkas am Weißen Nil. Auf den Gesellschaftsinseln betete man Holzklötze, bekleidet und mit Öl bestrichen, an als Atua, mit göttlicher Kraft beseelt. Der Samojede geht auf keine Wanderung ohne seinen göttlichen Begleiter, die Steine, in rote Lappen gekleidet und mit Opferblut bestrichen. Ähnlich die Ostjaken. Besonders eifrig sind in dieser Beziehung die vorarischen Stämme in Indien; aufrechtstehende Steingruppen versinnbildlichen dort die entsprechenden Ahnen, sie dienen vielfach als Schutzgottheiten des Feldes (was sich z. B. bei den Römern wiederholt). Jedes Khonddorf hat unter einem großen Baumwollenbaum einen göttlich verehrten Stein, der auch wohl Orakel erteilt. Die Dakotas bemalen Kiesel, reden sie dann als Großvater an und bringen ihnen Opfer dar. Auf den Westindischen Inseln wurde drei Steinen große Verehrung dargebracht; der eine war der Ernte günstig, der andere den Frauen bei der Entbindung, der dritte für Sonnenschein oder Regen. Brasilianische Stämme steckten Pfähle in die Erde, denen sie dann Opfer darbrachten. Die britische Cromlechs und Menhirs sind gleichfalls Zeugen dieser ursprünglichen Vorstellung, und ebenso ist es bezeichnend, daß noch bis ins Mittelalter hinein das kirchliche Verbot der Steinverehrung reichte. Wie in der Mythologie, so wird auch im Kultus das Wasser als Wohnsitz göttlicher Wesen aufgefaßt, sei es der alles umfassende Ozean, sei es ein größerer Strom. Dasselbe gilt vom Feuer, das als wohltätige Macht gefaßt wurde (die ganze menschliche Gesittung basiert ja auf dem in den verschiedensten Sagen gefeierten Feuerraub), bald als verheerendes, fressendes Ungeheuer, das als Moloch auch die teuersten Opfer verschlingt, wie das bereits früher geschildert war. Der eigentliche Gestirndienst ist erst ein verhältnismäßig spätes Kulturprodukt, wofür besonders der Ackerbau aus naheliegenden Gründen bedeutsam geworden ist mit der Verehrung der Sonne und auch des Mondes.

Der Kultus.

Die früher bereits erörterte Ahnen- und Totenverehrung bedarf auch an dieser Stelle noch einer kurzen Erörterung, da sie religionsgeschichtlich gerade zu einer der stärksten Stützen primitiver Weltanschauung geworden ist. Die eigenen Angehörigen, mächtige Häuptlinge und Priester nach ihrem Tode als Dämonen, Schutzgötter und Geister zu verehren ist psychologisch ein ungemein naheliegender Gedanke, den wir von den niedrigsten Entwicklungsstufen bis zur Gegenwart hin verfolgen können Zum Beweis beziehen wir uns auf China und Japan, denen kein Mensch eine gewisse Bildungshöhe wird absprechen können. Der eigentliche entscheidende Grund für die Siege der Japaner in ihrem Kriege mit den Russen wurde durch ihre eigenen Landsleute in der alle beseelenden Vorstellung von dem sie stets begleitenden Schutz der Kami, ihrer unsichtbaren und doch so wirksamen Ahnen, gesucht. Das entspricht genau der Angabe der Sulus, daß sie im Kampfe durch die Amatongo, die Geister ihrer Vorfahren, unterstützt würden. Selbst kleine Kinder und alte Frauen werden bei ihnen nach ihrem Tode Geister von hohem Ansehen, die deshalb bisweilen recht gefürchtet sind. In Südguinea werden die alten Leute hoch verehrt, was sich noch steigert, wenn sie gestorben sind. Dem gleichen Glauben hängen die Ureinwohner Ceylons, die Weddas, an, indem sie behaupten, ihre Vorfahren besuchten sie in Träumen und verliehen ihnen Glück im Kriege und auf der Jagd. In Siam wendet sich das niedere Volk besonders an die Theparab, d. h. an die Seelen großer Männer. Der Chinese ist vollends sein ganzes Leben hindurch im Bann der

Ahnenverehrung, und sein sonst so nüchterner Rationalismus erweist sich gegen diesen ursprünglichen Animismus als völlig machtlos, das gilt von den höchsten Ständen, den Mandarinen, ebensowohl wie von dem gewöhnlichen Mann des Volkes. Dasselbe ist der Fall in Indien, wo es gleichfalls unverbrüchliche Pflicht für kinderlose Eltern ist, sich durch Adoption einen Sohn für die spätere Verehrung nach dem Tode zu sichern. Auch bei den Völkern des klassischen Altertums herrscht derselbe Glaube, besonders bei den alten Römern, die als echte Vertreter des auch für ihr ganzes Staatsrecht so wichtigen Ahnenkultus angesehen werden dürfen. Diese Verehrung kann aber bei der nach primitiver Auffassung bestehenden Wesensverwandtschaft zwischen Mensch und Tier sich auf die in Tierleibern verkörperten Vorfahren beziehen, auf die dem ganzen Stamm geheiligten Totems (der Ausdruck ist verstümmelt aus dem Wort des Algonkins: Dodaim). Besonders in Amerika und Australien hat diese Vorstellung zu sehr verwickelten sozialen Einrichtungen und Rechtssatzungen geführt, so in betreff der Heiraten, des Eigentums, der Einteilung der Stände, der Rangabstufungen usw. Die Indianer und Australier nennen sich nach irgendeinem Tier, das sie zur Stammesgottheit erheben, das deshalb auch nur unter sühnenden Zeremonien getötet werden darf. Die Betschuanen in Südafrika teilen sich nach Tieren in verschiedene Clans, die Bakuenas d. h. Menschen des Krokodils, die Batlapis des Fisches, die Bataungs des Löwen usw. Wie scharf und lokal diese Trennung durchgeführt wird, zeigt z. B. Ägypten, wo in manchen Bezirken (Nomen)

Der Kultus.

das Krokodil als heilig verehrt, in anderen wieder verfolgt und getötet wird. Neben diesem ausgebildeten ägyptischen Tierkultus könnte man auch noch den indischen anführen, der noch heutigentags in Blüte steht. Die heilige Kuh wird dort als Gottheit durch feierliche Opfer und Riten verehrt; Hanuman, der Affengott, hat als Verkörperung des Siwa seine Idole und Tempel, der göttliche Vogel Garuda ist das Abbild Vishnus, die Elefanten, Schildkröten und andere Tiere mehr sind gleichfalls Sitze bestimmter Gottheiten. Einen besonders bevorzugten Platz nimmt die Schlange ein, so bei den eingeborenen Religionen Südasiens, oder in Amerika, in Afrika, in der klassischen und gemanischen Mythologie, bei Zoroaster usw. Gab es doch sogar eine halbchristliche Sekte der Ophiten, die einer zahmen Schlange eine mystische Verehrung angeblich erwiesen.

Das Gebet ist mit dem Opfer ein organischer Bestandteil der Religion; wir finden dasselbe durchweg, ob überall, ist freilich noch zweifelhaft, aber man muß bedenken, daß etwaige Lücken in der Überlieferung nicht beweiskräftig sind für das tatsächliche Fehlen. Aus der unendlichen Fülle des Stoffes, der sich auf alle religiösen Entwicklungsstufen verteilt, wählen wir einzelne charakteristische Belege heraus; daß anfangs materielle Beweggründe vorherrschen, ist selbstverständlich. Die Huronen richten eine Bitte an ihren Gott Oki:

Dämon, der du an diesem Orte wohnst, siehe den Tabak, den ich dir darbiete; hilf uns, beschütze uns vor Schiffbruch, verteidige uns gegen unsere Feinde und verleihe uns, wenn wir ein gutes Geschäft gemacht haben, sichere und gesunde Heimkehr in unser Dorf.

Die Samoaner flehen:

Hier ist Ava für euch, ihr Götter! Blickt freundlich auf diese Familie, lasset sie wachsen und gedeihen und erhaltet uns alle bei guter Gesundheit. Lasset unsere Pflanzungen fruchtbar sein, lasset Futter wachsen, und möge Überfluß herrschen an Nahrung für uns, eure Geschöpfe. Hier ist Ava für euch, ihr Kriegsgötter. Lasset ein starkes und zahlreiches Volk für euch in diesem Lande sein.

Gefühlvoll klingt das Gebet eines Delawaren:

O du großer Geist da oben, habe Mitleid mit meinen Kindern und meinem Weibe. Verhüte, daß sie meinetwegen trauern. Laß es mir in diesem Unternehmen gelingen, daß ich meinen Feind erschlagen möge und heimbringe die Siegeszeichen zu meiner teuren Familie und meinen Freunden, daß wir uns miteinander freuen usw.

Der Neger an der Goldküste richtet an den Himmel sein Gebet:

Gott, gib mir heute Reis und Yams, Gold, gib mir Sklaven, Reichtum und Gesundheit, und daß ich möge schnell und hurtig sein.

Der Suluhäuptling spricht in der Versammlung unter tiefem Stillschweigen:

Ich bete um Glück, nachdem wir euch einen Farren geopfert haben; ich kann wahrlich nicht umhin, euch Nahrung zu geben, denn dieses Vieh habt ihr uns gegeben. Ich bitte um Vieh; so viel, daß es diesen ganzen Raum ausfüllt; ich bitte um Getreide, damit viele in dies Dorf kommen und euch verherrlichen; ich bitte auch um Kinder, damit dies Dorf eine große Bevölkerung erhalte, und damit euer Name niemals ein Ende finde.

Die Karenen in Birma wenden sich zur Erntegöttin mit folgenden Worten:

Großmutter, du behütest mein Feld, du wachest über meine Pflanzung. Gib acht auf Menschen, die das Feld betreten, sieh dich scharf um nach Leuten, die hereinkommen.

Und beim Reisdreschen heißt es:

Schüttle dich, Großmutter, schüttle dich. Laß den Reis steigen, bis er so groß ist wie ein Hügel, so groß wie ein Berg.

Das Gebet der Khonds schließt schon mit einer sittlichen Wendung:

Laß unsere Herden so zahlreich werden, daß wir sie nicht mehr beherbergen können, gib uns einen so reichen Kindersegen, daß die Sorge um sie den Eltern zu schaffen macht, laß unseren Kopf beständig gegen eherne Töpfe stoßen, die in zahlloser Menge von der Decke herabhangen; laß alle Aasvögel auf den Bäumen unseres Dorfes versammelt sein wegen des Viehes, das dort jeden Tag geschlachtet wird. Wir wissen nicht, was gut ist, und worum wir bitten sollen; du weißt, was gut ist für uns, gib es uns.

Oder das Gebet eines Azteken:

O gnädiger Herr, laß diese Heimsuchung, mit der du uns züchtigest, uns vom Übel und Irrtum befreien,

oder das eines Peruaners:

O Viracocha immer gegenwärtig, Viracocha Ursache von allen Dingen, Viracocha der Helfer, der ruhelose Arbeiter, Viracocha, der den Anfang bestimmt, Viracocha immer nahe, höre auf unser Gebet, sende Gesundheit, sende Wohlfahrt deinem Volk.

Und geradezu mit christlichem Anklang, obwohl berufene Forscher, wie z. B. Brinton, jede Entlehnung in Abrede stellen:

Viracocha, der du von Anfang an warst und bis zu Ende sein wirst, mächtig und mitleidig, der du den Menschen schufest, indem du sagtest: Lasset Menschen sein, der du vor dem Übel behütest und uns Leben und Gesundheit bewahrst, bist du im Himmel oder auf der Erde, in den Wolken oder in den Tiefen? Höre die Stimme dessen, der dich anfleht, und gewähre ihm seine Bitten. Verleihe uns ewiges Leben, bewahre uns und nimm dieses Opfer an.

Ein längeres Gebet der eben erwähnten Khonds:

O Gott, du schufest uns und legtest uns die Eigenschaft des Hungerns bei; daher war Getreidenahrung notwendig für uns und notwendig fruchttragende Felder. Du gabest uns einen jeden Samen, du befahlest uns, Kinder zu gebrauchen und Pflüge zu machen und zu pflügen. Hätten wir nicht diese Kunst von dir erhalten, so würden wir wohl noch leben können von den natürlichen Früchten des Feldes, aber in unserer Verlassenheit hätten wir dir keine Verehrung erweisen können. Deshalb erinnere dich dessen und erfülle die Gebete, die wir jetzt an dich richten. Am Morgen erheben wir uns vor Sonnenaufgang zu unserer Arbeit und besorgen die Saaten. Beschütze uns vor dem Tiger und vor der Schlange und vor Steinen des Anstoßes. Laß das Korn plötzlich emporschießen, laß die Erde unter unseren Pflugscharen nachgiebig sein, laß unsere Saaten viel Frucht zurückgeben und erinnere dich, daß mit unserem Ertrage auch deine Verehrung wächst usw.

Selbst der Vedendichter ist noch von sinnlichen Interessen befangen:

Mache einen Unterschied zwischen den Aryas und denen, die Dasys sind, züchtige, welche keine heiligen Riten beobachten, unterwirf sie den Opfernden. Indra unterwirft die Unfrommen den Frommen und vernichtet die Gottlosen durch die Gottesfürchtigen.

Ähnlich lautet es im Islam:

Ich suche Zuflucht bei Allah vor Satan, dem Verfluchten. Im Namen Allahs, des Mitleidigen, des Erbarmers! O Herr aller Geschöpfe, vernichte die Ungläubigen und Polytheisten, deine Feinde und die Feinde der Religion. O Allah, mache ihre Kinder zu Waisen und zerstöre ihre Wohnsitze, laß ihren Fuß ausgleiten und gib sie und ihre Familien und Häuser und Weiber und Kinder, ihre Verwandten und Brüder und Freunde und ihr Besitztum und ihr Hab und Gut und ihr Land den Moslems zur Beute.

Von der magischen Kraft des heiligen Wortes war schon die Rede, — die verschiedensten Religionen haben sich dieses wirksamen Mittels bedient, die buddhistische, islamische, altpersische u. a. Das heilige Wort dient nicht nur als Zauberspruch, sondern als Amulett zur Abwehr von Krankheiten und Todesfällen; ein Papierschnitzel, bedeckt mit Koranversen, ist in Afrika ein sehr gesuchter Artikel; das berühmte buddhistische: Om mane padme hum, unser Rosenkranz (übrigens ebenso bekannt im Buddhistischen), die mongolischen Gebetsräder- und mühlen gehören mit unendlich vielen verwandten Erscheinungen in diesen Zusammenhang. Der Stil der Gebete ist gleichfalls verschiedenartig; neben den einfachsten Äußerungen eines kindlichen Bedürfnisses begegnen wir längeren, kunstvoll entworfenen, durch die Priester und Sänger verarbeiteten Stoffen, den vedischen Gesängen, den homerischen Hymnen, den zu Ehren ägyptischer und assyrischen Gottheiten angestimmten Liedern, den Psalmen Israels, den mystischen moslemischen Gedichten, den tiefempfundenen Kirchenliedern unseres Bekenntnisses. Typisch bleibt nur bei aller Differenzierung der eine Grundton menschlicher Sehnsucht nach Erlösung aus unerträglicher Not und Qual des Daseins. Ohne diese innere Erschütterung würde (was eben nur allzu häufig tatsächlich der Fall ist) der Kultus zu einem toten Formelkram herabsinken, zu einem Geplärr von Buchstaben ohne Sinn und Verstand. Man darf deshalb wohl sagen: Der Glaube an die wunderbare Kraft des göttlichen Wortes bildet das innere Band, das in allen Religionsformen die äußere Organisation, jeden Ritus mit der eigentlich schöpferischen religiösen Stimmung verknüpft.

Aber nicht nur durch das Wort gelangt der Mensch zur Gerechtigkeit, wie der christliche Ausdruck lautet, sondern durch peinlich genaue Beobachtung vorgeschriebener Handlungen und Verrichtungen. Gerade auf niederen Gesittungsstufen, wo die Priester meist eine unumschränkte Macht ausüben, sind die betreffenden Ge- und Verbote sehr empfindlich, sie greifen in den ganzen sozialen Zusammenhang bestimmend, maßgebend ein. Bekannt ist das rigorose polynesische Tabu (auch Kapu genannt), vermöge dessen alle sichtbaren Gegenstände von den Priestern und Häuptlingen mit Beschlag belegt werden konnten (Wohnungen, Feuer, Früchte, Menschen usw.). Auf den höheren Entwicklungsstufen treten sittliche Momente auf, die Gebote, von göttlichem Glanze umstrahlt, bezwecken die Vollendung des Menschen im Lichte der Ewigkeit. Auch hier entfaltet sich wieder bei aller typischer Gleichartigkeit der Grundzüge eine fast unübersehbare Mannigfaltigkeit der Einzelheiten; bei den Chinesen und Japanern steht die unverbrüchliche Autorität im Vordergrund, die Ehrerbietung der Kinder gegen die Eltern, der Jungen gegen die Bejahrten, bei den Buddhisten die Schonung des fremden Lebens, selbst der kleinsten, unscheinbarsten Tiere, bei den Juden und ebenso beim Islam das scharfe Verbot der Vielgötterei, das die Brahmanen wieder nicht kennen. Diese scharfe Betonung vielfach äußerer Verhaltungsmaßregeln und Vorschriften bewirkt nur zu häufig eine langsame Erstarrung des ganzen religiösen Gefühls, wie es in der Geschichte aller Religionen zu verfolgen ist.

Als ein unmittelbares Ergebnis der Stellung des Menschen zur Gottheit muß neben dem Gebet das Opfer mit den zugehörigen Gelübden aufgefaßt werden; es ist auch eine ziemlich inhaltsleere Streitfrage, wem die Priorität gebührt, für die unbefangene empirische Auffassung sind Gebet und Opfer stets unzertrennlich verbunden, da sie sich psychologisch gegenseitig bedingen. Ebenso verschlingen sich die verschiedenen Motive, die man dabei unterschieden hat, ob man nämlich lediglich ein Geschenkdarbringen oder eine Huldigung ausdrücken oder endlich eine persönliche Entsagung andeuten will. Das nächstliegende ist, das Opfer als ein Geschenk des Menschen an die Gottheit aufzufassen, durch das man die Gottheit gnädig zu stimmen sucht; man übt somit, wenn auch vielleicht nur unbewußt, einen Druck auf dieselbe aus (vielfach tritt diese naiv-egoistische Absicht aber ganz unzweideutig zutage). Sehr maßgebend ist von Anfang an die Teilnahme aller Stammesglieder an der feierlichen Handlung (es ist das soziale Moment, das hier wirksam wird), und deshalb hat man auch das Opfer überhaupt aus dieser Stärkung des Solidaritätsgefühls, indem der ganze Stamm in diesem Opfer seinen Totem verehrt und somit mit ihm in unmittelbare Gemeinschaft tritt, ableiten wollen (so Rob. Smith für die Semiten). Sehr häufig sind diese Liebesmahle mit blutigen Opfern verknüpft, so bei den Azteken, den sonst zartfühlenden Peruanern, ferner bei unzähligen Naturvölkern, wie den Indianern, Polynesiern, Negern usw.; allmählich trat ein harmloses Symbol an die Stelle der ursprünglichen grausigen Wirklichkeit, wie u. a. bei den Brahmanen. Einige Beispiele mögen genügen; bei den Aztekern fanden schreckliche Menschenopfer statt, das Herz wurde den unglücklichen Schlachtopfern, zu denen meist Kriegsgefangene dienten, aus dem Leibe gerissen und der Sonne dargebracht; gemeinsame Mahlzeiten beschlossen die furchtbare Feier. In den Häusern der einzelnen Krieger wiederholte sich der Vorgang, nur formte man Menschenbilder aus Teig, schnitt die Herzen aus der Brust und verzehrte dieselben, — ein unzweideutiger Hinweis auf die eigentliche Zeremonie. Der Erdgöttion Tari Pennu erweisen die ackerbautreibenden indischen Kohnds einen blutigen Kultus; durch Tropfen ihres Blutes hat sie den weichen, schlammigen Boden in feste Erde verwandelt, die zum Ackerbau taugt. Daher lernten die Menschen ihr menschliche Opfer darbringen — sie reißen dem Opfer das Fleisch von den Knochen, worauf der Priester die Hälfte davon hinter seinem Rücken, ohne sich umzusehen, in der Erde vergräbt, und jeder Hausvater ein Stück mitnimmt, um es gleichfalls auf seinem Felde zu verscharren. Mit Tänzen und wüsten Orgien und einem Mysteriumspiel, das in dramatischem Dialog den Zweck des Ritus darlegte, brachte der Priester der Göttin das Opfer dar mit der inbrünstigen Bitte um Kinder, Vieh, Geflügel und andere Güter. Ähnliches wird von den Buräten und Tungusen berichtet. Der Blutbund (Blut ist ein ganz „besonderer Saft") spielt kulturgeschichtlich eine bedeutsame Rolle von den fernsten nebelumwallten Zeiten bis zur Gegenwart; schlachteten doch chinesische Rebellen bei dem Taiping-Aufstande Menschen, tranken ihr Blut und fühlten sich nun erst innerlich verbunden und gestärkt. Zum Teil handelt es sich nur um abgeschwächte Formen; so wenn die Skythen sich Blut ablassen, die Waffen darein tauchen, um es dann unter feierlichen Beschwörungen zu trinken. Die Lydier verwunden sich gegenseitig beim Bündnisschließen und lecken dann das Blut ab, und ebenso eine Reihe anderer vorderasiatischer Völker. Die Blutsbrüderschaft ist noch heutigestages bei sehr vielen Naturvölkern im Schwange und für unsere Reisenden ein verhältnismäßig einfaches Mittel zu ihrer persönlichen Sicherheit. Auch bei den Völkern des klassischen Altertums begegnen wir diesen Gebräuchen; ein Verschwörer Apollodor tat Blut in den Wein und ließ das zum Zeichen des Bundes trinken. Die römische Sage spricht von einer Verschwörung gegen Brutus und Collatinus, die durch furchtbare Eidschwüre und den Gebrauch von Menschenblut beim Trankopfer geschlossen sein soll. Nach Xenophon schlossen griechische und fremde Krieger eine Eidgenossenschaft, indem sie mehrere Opfer schlachteten und in das Blut ihre Waffen tauchten, ebenso wie nach Äschylos die Sieben gegen Theben. In der Edda erinnert Loki Odhin an die Zeit, wo sie beide Blut mischten usw. Das Menschenopfer, nach gewissen Kennzeichen, einst ungemein weitverbreitet, vielleicht universell, beruht eben, psychologisch betrachtet, auf dem Wahn eines auf die Gottheit ausgeübten Zwanges, zum Teil auch, wie bei den Kindesopfern, durch Hingabe des teuersten Besitzes. Ähnlich wie die Azteken und gar die sanften Tolteken Kindesopfer in ausgedehntem Umfang darbrachten, so die semitischen Phönizier und Karthager ihrem feurigen Moloch, wenn die Kriegsnot gar zu hart wurde. Ebenso ist es bedeutsam, wenn der Prophet Micha die Juden in ihrer Zerknirschung Gott fragen läßt, was für Opfer er begehre, ob Kinder, Widder oder Öl, oder, „soll ich hingeben meinen Erstgeborenen für meine Sünde, meine Leibesfrucht für mein Vergehen?" Nicht minder charakteristisch ist die häufige Wendung, „durch das Feuer gehen lassen". Die römische Weihung der ganzen menschlichen Erstgeburt an den Mars im ver sacrum läßt den Zusammenhang erraten. Auch für den in der Südsee sehr verbreiteten und gefürchteten Orden der Aréoi war die Kindertötung unverbrüchliches Verbot. Übrigens ruht der nordamerikanischen Orden der Hametze gleichfalls auf kannibalistischen Grundlagen, von denen der Reisende Jacobsen ein schauriges Bild entwirft. Später treten überall bei wachsender Gesittung verschiedene Ablösungsformen ein; dahin gehören die Reinigungsopfer der Juden, die Hingabe des Blutes an Jehovah, die versuchte Opferung der Iphigenie, die der Mania dargebrachten Mohn- oder Lauchköpfe, das so weit verbreitete Blutlassen, Ohren- und Nasendurchstechen, die Verstümmelungen und Verunstaltungen, so das Ausschlagen der Vorderzähne bei den Polynesiern, die Blutbundfeste bei den Römern und Germanen usw. Zuweilen bricht, besonders in drangvollen Zeiten, der alte Wahn mit verdoppelter Wucht wieder hervor; so bei den Karthagern, die schon längst bei ihren blutigen Opfern fremde, zu diesem Zweck gekaufte Kinder verwendet hatten, als aber das Unglück im Kriege nicht von ihnen weichen wollte, da veranstalteten sie ein entsetzliches Massenopfer von 200 der den vornehmsten Familien entnommenen Sprößlingen. Oder es opferte der König Moab, als der Kampf zu heiß wurde, seinen ältesten Sohn. Anderwärts nimmt man Flüssigkeiten, so bei den alten Persern den Haoma, der den Göttern geopfert wurde. Am spirituellsten ist wohl der bei Indianern gebrauchte Weihrauch, womit sich wieder die religiose Verwertung des Tabaks vergleichen ließe. So pflegen die Osagen bei jedem neuen Unternehmen eine Pfeife anzustecken und dabei folgendes Gebet zu sprechen: Großer Geist, komm herab und rauche mit uns als Freund. Feuer und Erde, raucht mit mir und helft mir meine Feinde vernichten. Die Sioux blickten zur Sonne, wenn sie rauchten, und wenn die Friedenspfeife angesteckt war, so boten sie dieselbe jener mit den Worten dar: Rauche, Sonne! Bei allen Beschwörungen und Geisteraustreibungen ist die Narkose durch Rauch die unbedingte Vorbedingung. Wenn bei den Karaiben der eingeborene Zauberer einen Dämon beschwören will, so bläst er Tabaksrauch in die Luft, um durch den angenehmen Geruch den Geist zu besänftigen. Auch wird der Tabak vielfach bei der Heilung von Krankheiten angewendet. Die Weihung des erkrankten Gliedes an die Gottheit in entsprechender Nachbildung ist gleichfalls ein Ausfluß dieser dämonologischen Anschauung. Die Chinesen befolgen folgendes Verfahren; man zeichnet, um von der das Jahr regierenden Gottheit Gesundheit zu erflehen, die rohe Figur eines Menschen auf Papier, klebt dieselbe auf einen Bambusstengel und steckt ihn aufrecht in ein Paket von Scheingeld. Dies Bildnis wird dann mit den erforderlichen Reinigungs- und Verwünschungsformeln auf die Straße gebracht, der Priester spritzt Wasser auf den Kranken, das Scheingeld und das Bild, dann werden die beiden letzteren verbrannt, und die Gesellschaft verzehrt zum Schluß eine kleine, eigentlich für die Gottheit bestimmte Mahlzeit, — so die nüchternen, verständigen Bewohner des Reiches der Mitte.

Daran reiht sich eine bunte Menge von Fasten, die sich der Mensch absichtlich auferlegt, von mehr oder minder schmerzhaften Kasteiungen und Gelübden, die er auf sich nimmt, oder endlich von Dankopfern für die glückliche Errettung aus Gefahren. Bekannt sind die zahlreichen Wachsbilder, die wir noch heute in den Kirchen sehen; auch Tiere, um deren Genesung es sich handelt, werden in solchen Nachbildungen dargestellt. Besonders wichtig sind die Prüfungen, denen sich der Novize beim Eintritt in die religiösen Genossenschaften unterziehen muß, wie das schon früher geschildert war (vgl. § 4 S. 36 ff.). Noch ein anderer charakteristischer Fall mag hier nach Bastian mitgeteilt sein:

Das Kind wird schon in den ersten Tagen nach der Geburt zu einem Ganga (Oberpriester) gebracht, der ihm ein oder mehrere Gelübde auferlegt, und die Mutter wacht sorgfältig darüber, es von klein auf zu ihrer Beobachtung anzuhalten und darin zu unterrichten, damit es in späteren Jahren weniger leicht Fehltritten ausgesetzt sei. Anderswo (es war oben vom Kongogebiet die Rede) wird dagegen die mystische Verknüpfung mit dem Mokisso (Schutzgeist) bis zum eindrucksfähigsten Moment des Jünglingsalters, dem Übergang zur Pubertät, verschoben, wenn in der Zeit der träumerischen Ideale in Afrika die Kolonien in den Wald ziehen, oder der Indianer seinen einsamen Baum besteigt. Außerdem geben bedeutungsvolle Lebensereignisse Veranlassung, den Fetisch zu erkennen. Auf welche Weise immer der Mokisso ausgewählt sein mag, mit ihm ist seinem Verehrer sein Lebensziel gegeben; er findet in ihm seine Befriedigung, die Erfüllung jener bangen Fragen, die wie überall die Menschenbrust, so auch die des Negers durchbeben, nur daß sie in der letzteren sich mit einer einfacheren Antwort begnügen. Das Gelübde, das er über sich genommen, bildet für ihn den ganzen Umfang seiner Religion. Solange er in angenehmen Verhältnissen lebt, fühlt er sich glücklich und zufrieden unter dem Schutz seines Mokissos, er fühlt sich stark unter seinem Beifall, er schreibt seine sonnigen Tage dem Wohlgefallen desselben zu, weil er genau in derselben Weise handelt und denkt, wie es sein Wille und Wunsch erheischt. Hat er aber absichtlich oder unfreiwillig sein Gelübde gebrochen, so ist er in einen unheilbaren Zwiespalt mit seiner Bestimmung getreten; natürlich brechen Unglücksfälle über ihn herein, bald häuft sich der schwere Druck der Leiden, und was bleibt ihm übrig, als zu sterben und zu vergessen? Denn ihm strahlt nirgends ein höheres Licht der Hoffnung, nirgends eine Bahn des Heils und der Errettung. Der Unglückliche in Afrika braucht nicht den Tod zu suchen, die Feinde, die ihn rings umgeben in Gestalt seiner Mitmenschen, haben bald den Schwachen unter ihre Füße getreten, und mit dem letzten Atemzuge des Fetischanbeters ist ein Weltsystem (freilich ein Weltsystem im Duodezformat) untergegangen. Der Mensch stirbt und mit ihm der Gott, den er sich selbst gemacht hatte, sie sinken beide in die Nacht des Nichts. (Afrikan. Reisen S. 254.)

Dies System von Kasteiungen und Büßungen, planmäßige, sich stets steigernde Nahrungsentziehung, die völlige Abkehr von aller menschlichen Gesellschaft, die gewaltsame Konzentrierung auf einen einzigen Gedanken, stunden-, ja tagelang, das bringt, wie wir früher sahen (vgl. § 4), die für die Religionsgeschichte so bedeutungsvolle schwärmerische Verzückung, die Ekstase hervor. Die durch fanatische Predigten hervorgerufenen Wiederweckungen (die revivals) in England bezeugen denselben Gedankengang; Tylor erzählt einen anscheinend der Gegenwart angehörenden Fall (Anfänge der Kultur II, 242). Bei den Jägern, die sowieso schon durch ihren Beruf zum unfreiwilligen Fasten gelegentlich gezwungen sind, entwickelt sich diese absichtliche Nahrungsenthaltung geradezu zur Technik; es gilt, die geheimnisvolle Zukunft zu entschleiern, Heilungen zu vollbringen, überhaupt zum mächtigen Zauberer und Medizinmann zu werden, wobei auch Schwitzbäder ihre bedeutsame Rolle spielen. Es ist übrigens charakteristisch, daß die Zulus zu einem wohlgenährten Priester, der nicht die unverkennbaren Anzeichen von Fasten und Kasteiungen an sich trägt, kein Zutrauen besitzen. Auch sonst wird das Fasten kulturgeschichtlich für ein wichtiges Mittel angesehen, um prophezeien zu können; so bei der delphischen Priesterin, die Verzückungen und Visionen der christlichen Heiligen, so der gefeierten hl. Theresa, die die Geheimnisse der Hölle und des Himmels schaute, waren bedingt durch harte Fasten. Auch besonders wirksame Arzneimittel werden zu diesem Zweck wohl gebraucht; die Omaguas am Amazonenstrom genießen ein narkotisches Pulver, das Visionen hervorruft. Ähnlich war es in Mexiko und Peru und auf den Antilleninseln. Öfter nimmt man an Kindern diese Prozedur vor, offenbar weil ihr empfängliches Naturell leicht derartigen starken Reizen zugängig ist. Auch der ursprünglich religiöse Tanz gehört in Verbindung mit dem Fasten zu den gebräuchlichen Mitteln ekstatischer Zustände. Bei den Winnepegs werden die Kandidaten mehrtägigem Fasten mit Schwitzbädern unterworfen, die älteren Medizinmänner beginnen mit einem sich stets steigernden Tanz, bis die Novizen, wie von einem elektrischen Schlag getroffen, zur Erde fallen und damit in das erforderliche Stadium des Konvulsionärs gelangen. Der thrakische Dionysoskultus mit seinen orgiastischen Tänzen, in denen fast noch die volle tierische Wildheit wütete, eine Art göttlichen Wahnsinns, ist gleichfalls ein Beleg für diese Rauschzustände, die in diesem Falle sowohl zur Mantik führten als auch (wenigstens späterhin) zu dichterischen Erzeugnissen; die Tragödie ist mit ihren leidenschaftlich erregten Liedern unmittelbar aus diesen Chorreigen hervorgegangen. Apollo ist der Wahrsager, der Vertreter einer der homerischen Zeit völlig fremden Mantik, an seiner Statt verkündete die ihm geweihte Priesterin in Delphi die Orakel, welche den Schleier der Zukunft lüfteten. Auch Indien weist dasselbe Schauspiel auf; dort heißt die ekstatische Verzückung und Weihe Dīkshā, die durch völligen Abschluß von der Außenwelt, Selbstpeinigung, Schwitzbäder in heißen Dämpfen, längeres Fasten eintritt. Die Götter sind, wie es heißt, in den Geweihten eingegangen, und somit ist er imstande, die Rätsel des Daseins zu lösen und in die Zukunft zu schauen. Selbst der Buddhismus, der rücksichtslos alle Kasteiung verwirft, erkennt trotzdem eine Form der Ekstase an, nämlich die der völligen Vernichtung des Individuums im Zustand des Nirwana. Der Asket (wie man ihn nennen könnte) unterdrückt durch fortgesetzte Selbstbetrachtung alle sinnlichen Begierden, ja schließlich alles bewußte Empfinden, und vermittelst dieser Selbsthypnose gelangt der Denker zum letzten begehrten Stadium der Erlösung von den Banden des irdischen Ich. Umgekehrt legte der Zeitgenosse Gautamas Mahavira besonderen Nachdruck auf die Kasteiung. Visionen und Halluzinationen stellen sich ein, die den Menschen rettungslos der Tyrannei dieser anomalen psychischen Erregungen unterstellen, so daß er willig automatisch, unbewußt handelt und hinterher, wenn die Ekstase verflogen ist, nichts mehr von den Vorgängen weiß; er wird ein Gefäß des guten oder bösen Geistes, der von ihm Besitz genommen hat. Bald sind es ganze Scharen, die durch die unwillkürliche Ansteckung seitens des wütenden Tanzes sich in die religiöse Begeisterung hineintreiben lassen, bald sind es einige wenige Auserwählte, die ihre leicht entzündliche Seele durch Tanz, Musik und Erregungsmittel aller Art zur Vereinigung mit der Gottheit zu bringen wissen. Die ganze Welt kennt solche Zauberer und Priester, nur die Namen wechseln: Die Schamanen Zentral- und Nordasiens, die Medizinmänner Nordamerikas, die Angegoks der Grönländer, die Butios der Antilleninsulaner, die Piaijen der Kariben, die Gangas Zentralafrikas usw. Selbst in moderner Zeit finden wir noch Ähnliches; so wird von einer christlichen Sekte in Rußland berichtet (19. Jahrhundert), die durch Gebete, Gesänge und Tänze gleichfalls die ersehnte Ekstase herbeiführen, bis ein einzelner ausruft: Er kommt, er naht, der Heilige Geist. Sehr bedeutsam sind sodann die auf Grund des Tempelschlafs erfolgenden Orakel, der sogenannten Inkubation. Mandarinen in Amoy, die sich Rats erholen wollten in schwierigen Fällen, pflegen mitunter im Tempel des Lokalgottes eine Nacht zuzubringen, um im Traum die nötige Erleuchtung zu erhalten. Die gewöhnlichen Leute verschaffen sich die gewünschte Aufklärung dadurch, daß sie auf den Gräbern schlafen. In der Nähe von Hangchow (in Nordchina) existiert ein Tempel, der gerade für Traumdeutungen einen hohen Ruf besitzt, und ein Augenzeuge erklärt, er habe selbt gesehen, daß Leute sich auf Gräbern bei diesem Tempel zum Zweck, eine Inspiration zu erhalten, schlafen gelegt hätten. Vielbesucht waren auch die ägyptischen Heiligtümer, namentlich der Tempel zu Canobus, besonders auch zu wunderbaren Heilungen. So weiß Tacitus von einer Begebenheit, die Kaiser Vespasian erlebt hatte, zu berichten. Vielleicht geht der Gebrauch des Tempelschlafs in Griechenland auf ägyptische Einflüsse zurück; noch zu Pausanias' Zeit befand sich in Oitylos in Lacedämon ein Tempel der Ino, in dem man sich schlafen legte, um in Träumen die Zukunft zu enträtseln; in Patrā befand sich beim Tempel des Demeter eine Quelle, die in Krankheitsfällen als Orakel befragt wurde; in Cilicien ließ Konstantin der Große einen heidnischen Tempel niederreißen, in welchem ein Gott, den Tausende als ihren Retter verehrten, den Schlafenden erschien und ihre Krankheiten heilte. Den ägyptischen Zauberern folgten später die nicht minder gewandten Derwische des Islams, bei denen gleichfalls die religiöse Beziehung unverkennbar ist. Wie die indischen Yogins vermögen sie für unser Verständnis fast Unglaubliches zu verrichten. Selbst bis ins Christentum hinein ist dieser Zusammenhang noch erkennbar; alle Ekstasen, alle religiösen Suggestionen und die mit elementarer Wucht wirkenden Epidemien des Glaubens führen letzten Endes auf die Kirche zurück oder auf die unwiderstehliche Sehnsucht nach der Vereinigung mit der Gottheit.

Eine Reihe mehr oder minder wichtiger Kultushandlungen knüpft sich an die Bestattungen der Leichen, meist unter priesterlicher Überwachung. So ist es den Kaffern verboten, den Namen des

Toten auszusprechen oder ähnliche daran erinnernde Ausdrücke zu gebrauchen; das besonders nach dem Tode mächtiger Häuptlinge auferlegte polynesische Tabu, das „favete linguis" der Römer, die zahlreichen Beschränkungen in bezug auf die Wahl der richtigen Tage, die Verstümmelungen und Entstellungen (Zähneausschlagen, Hautritzen, Blutlassen usw.), die Haarschur, besondere Trauerfarben, sei es unmittelbar am Körper durch Bemalen der Haut, sei es an der Kleidung, die eigentlichen Trauerfeierlichkeiten vor und nach der Bestattung, die Mahlzeiten, alles, was die Tendenz offenkundig verrät, die abgeschiedene Seele günstig zu stimmen, entspringt dem uralten Geisterglauben. Ganz charakteristisch ist es auch, wenn manche Papuastämme, die für gewöhnlich nackt gehen, bei Anlaß eines Trauerfalles ihren ganzen Körper mit einem Flechtstoff umwickeln oder sich besondere Trauergewandung anlegen. Andere Völkerschaften, wie z. B. die Alfuren, zerreißen ihre Kleider, ebenso die Israeliten. Sehr verbreitet ist auch die Sitte der Reinigung durch Wasser nach dem Leichenbegängnis (um die etwaige Befleckung durch die Geister zu beseitigen), so nahmen die Skythen nach jeder Bestattung ein Dampfbad. Außer Wasser wird auch vielfach Feuer angewandt, im hohen geistigen Sinne bei den Brahmanen und Zoroaster. Die Totenopfer selbst, Mitgeben von wertvollen Gegenständen in das Grab des Verstorbenen usw. sind über die ganze Welt verbreitet; auch hier ist der frühere blutige Ernst erst später abgelöst durch Symbole. Wiederum sind die sozialen Abstufungen bedeutsam; am Grabe von Königen und Häuptlingen müssen unzählige

Menschen ihr Leben lassen, um im späteren Dasein ihnen zur Verfügung zu stehen. So töten die Guineaneger bei der Leichenfeier eines angesehenen Mannes mehrere Frauen und Sklaven zu seiner Bedienung in der anderen Welt und legen ihm schöne Gewänder, goldene Fetische, Korallen, Perlen und andere Kostbarkeiten mit in den Sarg, damit er sich auch im jenseitigen Leben damit schmücken könne. Auf Neuseeland wurden beim Tode eines Häuptlings Sklaven getötet, und man gab der klagenden Witwe einen Strick, um sich im Walde zu erwürgen, damit sie wieder mit ihrem Gatten vereinigt wäre. Herodot erzählt von dem reichen Inhalt eines skythischen Grabhügels, der erwürgten Frau und den Hausdienern, den Pferden, den goldenen Gefäßen des Haushaltes usw. Bei den alten Peruanern erhängten sich die Frauen eines verstorbenen Fürsten, um auch in Zukunft in seinen Diensten bleiben zu können, und viele seiner Diener wurden auf seinen Feldern oder an Lieblingsplätzen begraben, damit seine Seele, diese Orte besuchend, deren Seelen zu späterer Benutzung mit sich nehmen könne. Wenn turanische Stämme in Nordasien bei der Bestattung Pferde und Schlitten, Gewänder, Äxte und Kessel, Feuerstein und Zunder, Fleisch und Butter mit in die Erde versenken, so geschieht das, um den Toten die Reise in das Seelenreich möglichst zu erleichtern. Bei den Esten in Nordeuropa tritt der Tote mit Nadel und Faden, Haarbürste und Seife, Brot und Branntwein und Geld ausgerüstet, wenn es sich um ein Kind handelt, mit Spielzeug, die Reise an. Bei den Arabern, Brahmanen, den alten Germanen, Slawen, Kelten, Griechen,

Römern usw. waren Totenopfer streng vorschriftsmäßig. Wie der Obolos für den griechischen Charon bestimmt war, der die Toten über den Hades setzte, so nahmen auch die Seelen nordischer Toten neben Dienern und Pferden Boote und Fährgeld mit auf die Fahrt. In Litauen und Altpreußen, wo sich Überreste des früheren Heidentums besonders lange erhalten hatten, reichen die Berichte über Totenopfer von Menschen und Tieren noch weit bis über das Mittelalter hinaus. Übrigens sollen noch hin und wieder deutsche Bauern ihre Leichen mit einem Geldstück im Munde begraben, und ebenso legten noch die ersten Christen Toilettegegenstände und Spielzeug mit in das Grab. Die praktischen Chinesen suchen sich möglichst mit dem religiösen Brauch abzufinden, indem sie statt der ursprünglichen Pferde und anderer wertvoller Gaben Papierfiguren darbringen. Ja, die Herstellung von Papiergeld beschäftigt Tausende von Arbeitern, indem dasselbe für Gold und Silber verwendet wird, oder es werden hübsche papierne Häuser verbrannt, damit der Tote es sich drüben bequem machen kann. Die Beerdigungszeremonien sind durchweg bei den meisten Völkern mit peinlicher Genauigkeit geregelt, und zwar weit bis in die Zeit höherer Gesittung hinein. Das durchgehende Motiv ist die Furcht vor schädlichen Einflüssen der abgeschiedenen Geister, wenn in dieser Beziehung irgend etwas versäumt ist. Die Siamesen fürchten als übelwollende Geister die Seelen derjenigen, die eines gewaltsamen Todes gestorben oder nicht in der altherkömmlichen Weise bestattet sind und nun ihre Sühnung begehren. Bekannt sind die Schilderungen aus dem klassischen Altertum

über die Vernachlässigung dieser heiligsten Pflicht
— der ganze Konflikt in der Sophokleischen „Antigone"
baut sich auf dieser Grundidee auf —, die Schatten
irren wehklagend vor den Toren des Hades oder
an den Ufern des Acheron umher. Es war in der
Tat ein sehr schwerer und gerade für das Volk sehr
verständlicher Vorwurf, der gegen die athenischen
Feldherren (freilich aus politischer Intrige) erhoben
wurde, daß sie die in der Seeschlacht Gefallenen
nicht aufgefischt und bestattet hätten. Die Seele
bleibt meist in der Nähe des Begräbnisplatzes, sie
wohnt in den Zweigen des Baumes, ergötzt sich am
Gesang der Vögel usw., wenn eben der Ritus richtig
erfüllt ist. Die so weit verbreiteten Totenmahlzeiten
werden abgehalten und die Speisen in der Nähe
oder auf den Gräber aufgestellt, um den Hunger
der Seelen zu stillen. Oder es wird direkt dem
Verstorbenen etwas von Speise und Trank ange-
boten. Ja, es werden auch wohl die Toten jahre-
lang bewahrt und mit Speise versorgt, als ob sie
noch unter den Lebenden verweilten. So setzte
der alte Ägypter Vorräte von Kuchen und Braten
auf Rohrgestellen in das Grab oder behielt die Mumie
sogar im Hause, damit sie als Gast beim Mahle
gegenwärtig sei. Der Hindu bietet den Toten Leichen-
kuchen dar, stellt irdene Gefäße mit Wasser zum
Baden für ihn vor die Tür und Milch zum Trinken
und feiert bei Voll- und Neumond die festliche
Darbringung der mit Butter bereiteten Reiskuchen
mit den dazu gehörigen Zeremonien, die zur Erlösung der Seele aus ihrem zwölf Monate währenden
Aufenthalt bei Yama im Hades als äußert wichtig
gelten. In China werden am Allerseelentage, wie

wir sagen würden, auf den Gräbern Mahlzeiten aufgestellt, die Verstorbenen zur Teilnahme eingeladen und große Festlichkeiten veranstaltet, denen etwa die Zurüstungen entsprechen, die selbst das leichtfertige Paris an diesem Tage auf dem Kirchhof Père Lachaise trifft. Daß bei solchen Gelegenheiten auch Trauergesänge angestimmt werden, ist leicht begreiflich; so wird von den Ureinwohnern Indiens folgender Sang berichtet, der an den Verstorbenen gerichtet ist:

Wir schalten dich nie, wir kränkten dich nie, kehre zu uns zurück!
Wir liebten und hegten dich stets, und lebten lange zusammen unter dem nämlichen Dach.
Verlaß es jetzt nicht!

Es nahen die nächtlichen Regen und kalte stürmische Tage, o, wandre nicht umher!
Weile nicht bei der verbrannten Asche, komm wieder zu uns!
Nicht findest du Schutz unterm Pipulbaum, wenn mächtiger Regen herabströmt.
Die Weide schützt dich nicht vor bittrer Kälte des Windes, komm in dein Haus.
Es ist gefegt und gereinigt für dich, und wir sind da, die dich immer geliebt.

Unter anderen Stämmen steigert sich diese Gesinnung gegenüber den Seelen der Vorfahren zu einer direkten Manenverehrung; man gelobt den „alten Leuten" Geschenke, wenn ihre Nachkommen auf eine Reise gehen, und wenn Krankheit in einer Familie ausbricht, so sind sie es gewöhnlich, die man um Hilfe anruft. Eine nicht minder bedeutsame Rolle spielen die Festlichkeiten bei der Geburt eines Kindes: wie unverbrüchlich diese primitiven Anschauungen allem sonstigen Wechsel der Kultur überstehen, mag das Beispiel veranschaulichen, daß genau auf derselben Stelle, wo zur Zeit der alten Römer der Tempel der Juno Lucina stand, sich jetzt die Kirche S. Maria Maggiore erhebt, in der unter den wundertätigen Reliquien der Kirche die Wiege oder Krippe des Heilandes aufbewahrt wird. Die drei Schicksalsgöttinnen der Griechen: Klotho, Lachesis und Atropos, stellten sich schon bei der Geburt ein und weissagten dem Kinde die Zukunft, was genau den drei skandinavischen Nornen entspricht. Dahin gehören gleichfalls die zahlreichen Schutzgottheiten verschiedener Völker, für die bei neuen Erdenbürgern das Horoskop gestellt wird, so bei den Mexikanern, den Hindus, den Mongolen, Germanen usw. Das Kind gilt zunächst als unrein, so daß es besonderer Vorkehrungen bedarf, um es vor den bösen Dämonen, die in ihm ihren Sitz aufschlagen können, zu schützen. Bei den Malaien wird das Kind gleich nach der Geburt nach dem nächsten Fluß getragen, gewaschen und nach Hause zurückgebracht, woselbst man ein Feuer anzündet, über das das Neugeborene gehalten wird. In Neuseeland wurde das Kind gleichfalls im Flusse durch einen Priester gebadet und empfing dann seinen Namen; dabei wurde der künftige Beruf ins Auge gefaßt, — dem Krieger Tapferkeit und Verschlagenheit geboten, stets rüstig und arbeitsam zu sein usw. In späteren Jahren wurde bei einer zweiten heiligen Besprengung der junge Bursche in die Reihe der wehrfähigen Männer aufgenommen. Bei den Madingos in Afrika schnitt man dem Kinde etwa nach acht Tagen das Haar ab, der Priester, um Segen betend, nahm es auf den Arm, flüsterte ihm ins Ohr, spie ihm dreimal ins Gesicht und nannte laut vor der Versammlung seinen Namen. In Guinea wird das neugeborene Kind auf die Straße getragen, und das Oberhaupt des Ortes besprengt es mit Wasser, gibt ihm einen Namen und wünscht ihm Segen und Gedeihen. Meist fanden auch ausgelassene Festlichkeiten bei diesem Anlaß statt. Seltsam mutet uns die Nachricht Herodots von den Thrakiern an, daß sie im Kreise unter lautem Wehklagen um den Neugeborenen herumsitzen, da er nun die Lasten des Lebens zu tragen habe. Festjubel und Trinkgelage werden veranstaltet mit ohrenzerreißender Musik; in Bagdad stürmt eine Bande junger Leute, durch Späher rechtzeitig unterrichtet, in das betreffende Haus, um daselbst ein furchtbares Konzert zu beginnen. Auch bei den gegenwärtigen Kulturvölkern, besonders unter der Landbevölkerung, darf das Kindtaufsmahl eine besondere Bedeutung beanspruchen. Während meist die Geburt eines Knaben freudig begrüßt wird, freuen sich manche afrikanische Stämme über eine Tochter, da sie mit ihr später (bei der Verkaufsehe) ein gutes Geschäft zu machen hoffen, indem deren Wert nach der Zahl der Kühe berechnet wird. Durchweg aber ist es so, wie bei den Kabylen, die bei der Ankunft eines Knaben Freudenschüsse abfeuern, der ganze Stamm steigt zu Pferde und inszeniert eine Feier, die Phantasie genannt wird, und die hauptsächlich im Wettrennen besteht; die Familie versammelt sich dann zu Glückwünschen und Festlichkeiten im Hause oder Zelt. Ist dagegen der Sprößling ein Mädchen, so halten es die Männer für unter ihrer Würde, davon überhaupt Notiz zu nehmen, so daß nur Weiber ihr Interesse bezeugen. Geschenke werden an Mutter und Kind verteilt, Schutzgeister ausgewählt (später in den so bedeutsamen Pubertätsweihen wiederholt sich das in größerem Umfange), endlich auch Opfer dargebracht, um die Götter zu gewinnen, besonders bei der Namengebung. Noch heute opfern junge Mütter in Unteritalien im Gefühl ihrer Dankbarkeit zwei Tauben. Für die unter religiösen Riten vorgenommene Namengebung entscheidet öfter auch ein soziales Moment; bei den Arabern in Marokko begegnen wir meist Namen aus der Bibel oder aus dem Koran, in Lappland sogar Götternamen oder Namen von Heiligen oder auch von Königen und Häuptlingen.

Ganz besonders wichtig sind die sogenannten Pubertätsweihen für den Kultus, d. h. die feierliche Aufnahme der Jünglinge in die Reihe der wehrfähigen Männer; sie geschehen durchweg unter Ablegung von furchtbaren Martern und Prüfungen, von denen die bekannten spartanischen Peitschungen am Altar der Göttin nur ein recht schwaches Abbild darstellen. Erst nach diesen Prozeduren, die zugleich eine Art mystischer Wiedergeburt einleiten, darf sich der Naturmensch auch verheiraten. Der Reisende Dapper erzählt aus Oberguinea:

> Der Belli-Paato ist ein Tod, eine Wiedergeburt und eine Einverleibung in die Versammlung der Geister oder Seelen, mit denen die Gemeinde im Busch erscheint und das für die Geister bereitete Opfer essen hilft. Das Zeichen Belli-Paato (etliche Schnitte am Halse und über die Schulterblätter) empfangen die Eingeweihten alle 20 oder 25 Jahre einmal, wobei sie getötet, gebraten und ganz verändert

werden, dem alten Leben und Wesen absterben und neuen Verstand und Wissenschaft bekommen. Die noch ungezeichnete Jugend wird nach dem vom König bestimmten Busch gewaltsam gebracht (weil sie sich vor dem Tode fürchtet), und die Älteren unterweisen sie mit dem Killingtanz und dem Bellidong (Lobgesang). Dort leben sie mehrere Jahre (die Mütter bitten die Eingeweihten, daß die Veränderung leicht vor sich gehen möge), in Jagd und Spiel ungesehen. Frauen, die beim Gehölz vorbeigehen, werden fortgeschleppt. Wenn sie aus dem Busch kommen, werden sie von den Alten in Sachen, welche die Rechte, den Krieg und die Herrschaft des Dorfes betreffen, unterwiesen. Sie stellen sich an, als ob sie erst in die Welt kämen und nicht einmal wüßten, wo ihre Eltern wohnten, und wie sie hießen.

Ähnlich lautet die Schilderung, die Bastian einem afrikanischen Priester verdankte:

Der große Fetisch lebt im Inneren des Hochlandes, wo ihn niemand sieht und sehen kann. Wenn er stirbt, sammeln die Fetischpriester sorgfältig seine Knochen, um sie wieder zu beleben, und ernähren sie, damit er aufs neue Fleisch und Blut gewinne. Im Lande Ambamba muß jeder einmal gestorben sein, und wenn der Fetischpriester seine Kalabasse gegen ein Dorf schüttelt, so fallen diejenigen Männer und Jünglinge, deren Stunde gekommen ist, in einen Zustand lebloser Erstarrung, aus der sie gewöhnlich nach drei Tagen wieder auferstehen. Den aber, welchen der Fetisch liebt, führt er fort in den Busch und begräbt ihn in dem Fetischhause, oftmals für eine lange Zeit von Jahren. Wenn er wieder zum Leben erwacht, beginnt er zu essen und zu trinken, wie zuvor, aber sein Verstand ist fort, und der Fetischmann muß ihn erziehen und selbst in jeder Beziehung unterweisen, wie das kleinste Kind. Anfänglich kann das nur durch den Stock geschehen, aber allmählich kehren die Sinne wieder, so daß sich mit ihm sprechen läßt, und nachdem seine Ausbildung vollendet ist, bringt ihn der Priester seinen Eltern zurück. Dieselben würden ihn selten wiedererkennen ohne die ausdrückliche Versicherung des Fetizeros, der ihnen zugleich die früheren Ereignisse ins Gedächtnis zurückruft. Wer die Prozedur der Wiedergeburt in Ambamba nicht durchgemacht hat, ist allgemein verachtet und wird bei den Tänzen nicht zugelassen. (Afrikan. Reisen S. 82.)

Daß diese Loslösung der Knaben aus dem Bereich mütterlicher Obhut stets nur unter lauten Klagen der Frauen vor sich geht, ist begreiflich. Öfter ist damit auch die Beschneidung verknüpft, für die freilich höchstwahrscheinlich auch hygienische Gründe mitsprechen; es ist auffallend, daß wir diese Institution bei nordischen Völkerschaften kaum irgendwo finden.

Zum Kultus gehört sodann, was wir uns von unserem modernen Standpunkt kaum vorzustellen vermögen, der Tanz, dem eben eine tiefe religiöse Bedeutung, wie gelegentlich bereits bemerkt, innewohnt. Es ist ein überall verbreitetes Mittel zur Erzeugung der Ekstase, jener Verzückung, die uns zur ersehnten Vereinigung mit der Gottheit führt, sowohl bei den eigentlichen Naturvölkern als auch auf den Stufen höherer Gesittung. Im klassischen Altertum ist namentlich charakteristisch der Dionysoskult in Thrakien mit seinen bis zur Erschöpfung gesteigerten Reigentänzen.

Je nach Gehalt und Inhalt der Glaubensbilder, schreibt Rohde, gestalten sich die Halluzinationen, von denen die Zauberer überfallen werden, im einzelnen verschieden. Durchweg aber versetzt sie ihr Wahn in unmittelbaren Verkehr, vielleicht völlige Wesensgemeinschaft mit den Göttern. Nur so erklärt es sich, daß, wie die begeisterten Bakchen Thrakiens, so die Zauberer und Priester vieler Völker mit dem Namen der Gottheit benannt werden, zu der ihr Begeisterungskult sie emporhebt. (Psyche II, 26.)

Ja, selbst zur Zeit des Euripides, wie derselbe Gewährsmann erklärt, ist diese Anschauung so mächtig, daß uns aus den „Bakchen" dieses Dichters der Zauberdunst enthusiastischer Erregung entgegenschlägt, wie er sinnverwirrend, Bewußtsein und Willen hindernd, jeden umfing, der sich in den Machtbereich dionysischer Wirkung verirrte. Wie ein wütender Wirbel im Strome der Schwimmenden, wie die rätselhafte Eigenmacht des Traumes den Schlafenden, so packt ihn der Geisterzwang, der von der Gegenwart des Gottes ausgeht, und treibt ihn, wie er will.

In Zeiten tiefer religiöser Gärung und Bewegung, gefördert durch mancherlei soziale Störungen, verheerende Seuchen und andere Erschütterungen des gesellschaftlichen Organismus, tauchen wohl psychische Erkrankungen des ganzen Volkslebens auf, die mit elementarer Wucht alle Schichten ergreifen und sich in gewaltsamen Expansionen Luft machen; es sind das geistige Kontagien, Ansteckungen, die ebenso verderblich wirken als physische. Eine solche Erkrankung war die am Ende des 14. und Anfang des 15. Jahrhunderts in Deutschland und in den Niederlanden rasende Tanzwut, auch genannt Tanz des heiligen Johannes oder Veit (der Johannestag war schon seit langem durch ausgelassene Festlichkeiten und Tänze berüchtigt); erst nach verschiedenen vergeblichen Versuchen gelang es der mit der Geistlichkeit verbündeten weltlichen Gewalt, des unheimlichen Gastes Herr zu werden. Dahin gehört die in Italien auftretende Tanzwut, der sog. Tarantismus, abgeleitet von der Tarantel, deren giftiger Biß die äußere Veranlassung zu dieser Krankheit bot. Es ist merkwürdig, daß die von der Spinne gebissenen Personen völlig apathisch sich verhielten, aber, sobald Musik ertönte, schlugen sie die Augen auf und begannen einen sich immer steigernden Tanz. Ähnliche Erscheinungen, die gleichfalls ins pathologische Gebiet gehören, sind die Konvulsionärs in Frankreich (18. Jahrhundert) und die Epileptiker auf den Shetlandsinseln (Beginn des 19. Jahrhunderts). Den unmittelbaren religiösen Zusammenhang aber bewahren noch die Maskentänze, die bei den verschiedensten Naturvölkern sich einer außerordentlichen Beliebtheit erfreuen. Um den bösen Dämonen zu entgehen, versichern sich die Singalesen auf Ceylon der Hilfe der Kathadias oder Teufelspriester, die mit greulich verzerrten Masken ihre Zeremonien verrichten. Besonders wird ihr Beistand gesucht bei Krankheit und Todesfällen; der Kranke muß die Opfer, die dem bösen Dämon gebracht werden, berühren. Dann beginnen die Tänzer ihre Beschwörungen, und zwar dauern diese Kulthandlungen meist vom Sonnenuntergang bis zum Morgen, wo dann durch einen kräftigen Fluch die bösen Geister verscheucht werden. Die Teufelstänzer nehmen die Gaben mit sich fort, indem sie singen: Das Opfer möge genehm sein, und der Leidende noch lange leben. Ebenso eigenartig ist die Zeremonie der Duck-Duck auf manchen polynesischen Inseln, obschon hier, wie auch sonst gelegentlich, der religiöse Nimbus verwendet wird zu sehr praktisch sozialen Werken, nämlich um Diebstähle ausfindig zu machen oder überhaupt Verbrechen zu bestrafen. Ähnlich steht es mit dem afrikanischen Orden Idem-Efik und dem Egboorden, überall spielen Masken und Tänze eine Rolle. Ein ganz besonders reichhaltiges Material liefern für religiöse Masken die nordwestamerikanischen Indianer; meist handelt es sich darum, die Geister günstig zu stimmen und z. B. eine reiche Jagdbeute zu erflehen. Der Prinz zu

Wied beschreibt ein solches Fest bei den am Missouri wohnenden Mandanen:

> Es wird aufgeführt auf Befehl des ersten Menschen, Mumank-Machane. Ein Mann stellt den Teufel vor, der am Körper schwarz bemalt ist, auf dem Kopf eine Mütze mit einem Hahnenkamm, vor dem Gesicht eine Maske mit weißen Ringen um die Augen und großen Zähnen aus Baumwolle. Dies Ungetüm durchstreift nun das Dorf, während die übrigen Masken beständig tanzen, indem sie die natürlichen Gebärden der dargestellten Tiere nahahmen. Während dieser Tänze werden an den jungen Büßenden in der Medizinhütte die grausamsten Martern ausgeübt, und erst am vierten Tage findet der Schlußtanz statt, wobei diejenigen, die die Büffel dargestellt haben, scheinbar mit Pfeilen erlegt werden. (Nach Andree, Ethnograph. Parallelen II, 160.)

In buddhistischen Klöstern finden Aufführungen religiöser Dramen statt, bei denen ebenfalls Masken mit Musikbegleitung verwendet werden. Der Aufführung geht die Rezitation von Gebeten vorauf, auf der Bühne erscheinen die Schutzgötter, rechts von ihnen die Menschen, links die bösen Geister, die jeder für sich Tänze veranstalten. Nun sucht ein böser Geist die Sterblichen zu verführen, so daß die Schutzgeister herbeieilen, um sie aus den Klauen der Bösewichter zu retten. Es beginnt ein regelrechter Kampf gegen die Bösen, die mit Flintenschüssen und Steinwürfen, auch gelegentlich mit Prügeln, vertrieben werden. In den meisten Fällen läßt sich ein mehr oder minder unmittelbarer Zusammenhang der Maskentänze mit dem Kultus nachweisen.

Die Hochzeitsfeierlichkeiten zeigen vielfach wenigstens auch einen religiösen Charakter, schon insofern, als animistische Anschauungen hervortreten.

Um vor kommendem Unglück geschützt zu sein, opfert man den Geistern irgendeinen Körperteil; die Javaner schneiden sich das Haar ab, andere Völker brechen sich Zähne aus oder hacken sich Finger ab. Auf Grund religiöser Vorstellungen gelten sodann gewisse Jahreszeiten nicht als günstig für die Eheschließung, so bei den Völkern des Indischen Archipels. Die Fruchtbarkeit der Ländereien erscheint ebenso wie die der Ehe im religiösen Lichte und ist durch mancherlei auf den ersten Blick befremdliche Sitten bestimmt. Gelingt es nun gar der Priesterkaste, eine sozial hervorragende Stellung sich zu verschaffen, so findet sich demgemäß auch eine Mitwirkung derselben beim Abschluß der Ehe. Bei den Völkern der Mündung des Senegal opfert der Bräutigam am Hochzeitstage den Xines (Gottheiten), und nachts begibt er sich dann zu der Zauberhöhle des Zauberpriesters, dem die Eheleute Geflügel anbieten, damit er ein dünnes eisernes Armband segne, das am Puls der rechten Hand getragen wird. Bei den Fulah (Sudan) segnet sogar der Priester die Ehe durch Gebete ein. Bei den Mpongves am Gabun vollzieht ein Fetischpriester die Trauungsfeierlichkeit, die darin besteht, daß Rum oder Palmwein geopfert wird. Bei den Tuaregs (Sahara) weiht gleichfalls der Zauberer die Ehe und macht sogar auf Verlangen einen Ehekontrakt. In Abessinien wird eine kirchliche und eine Zivilehe unterschieden, jene ist unlöslich; sie wird dadurch eingegangen, daß beide Ehegatten das Abendmahl nehmen und einen Eid auf das Leben des Königs leisten — sie ist aber verhältnismäßig recht selten. Wo die Religion als anerkanntes Bekenntnis zu einem festen sozialen Faktor geworden ist, werden die Religionsunterschiede leicht zu Ehehindernissen; so verbot das römische Recht, nachdem das Christentum Staatsreligion geworden war, die Ehe zwischen Juden und Christen. Dem Muselmann ist die Ehe mit einem Ungläubigen nicht gestattet; die mosaische Kirche verbietet ihren Angehörigen, sich mit Nichtchristen zu verheiraten. Gerade an den so unendlich mannigfaltigen und doch in ihrem Grundcharakter einheitlichen Zeremonien lassen sich ganz anschaulich die Entwicklungsgesetze des religiösen Lebens studieren, selbst die unscheinbarsten Formen, so in dem Stadium des Überlebsels, verraten dem kundigen Blick eine ganze lange Geschichte, so daß wir uns nur vollständig der Meinung Tylors, dieses berufenen Kenners, anschließen können, wenn er sagt:

Durch die verschiedenen Phasen des Überlebens haben die Riten, eine jede in ihrer Weise, die fortlaufenden Fäden zur Anschauung gebracht, welche die Glaubenssysteme der niederen mit denen der höheren Nationen verknüpfen; sie haben gezeigt, wie schwer der zivilisierte Mensch die religiösen Riten, selbst seines eigenen Landes, verstehen kann ohne die Bedeutung, die oft ganz unähnliche Bedeutung zu kennen, welche dieselben in entfernten Zeiten und Ländern und auf weit von der seinen verschiedenen Kulturstufen besaßen (Anfänge II, 444).

§ 7. Der Priester.

Der sozialpsychische Charakter der Religion bekundet sich namentlich auf dem Gebiet des Kultus, der eben ohne eine, sei es noch so lockere, Struktur undenkbar ist; daher begegnen wir fast bei allen Naturvölkern einem mehr oder minder entwickelten

Priestertum. Nach allgemeiner Auffassung ist sodann der Tod kein natürliches Ereignis, ein notwendiges Ergebnis chemischer und biologischer Prozesse, sondern ein Werk schadenbringender Dämonen, und eben deshalb ist der Priester neben dem berufenen Verkünder des göttlichen Willens zugleich Arzt, Zauberer, Medizinmann und wie immer die verschiedenen Ausdrücke lauten. Durch diese Sorge über die Wohlfahrt der Stammesgenossen wird begreiflicherweise sein Ansehen nicht wenig gefördert; es ist deshalb auch nichts Seltenes, daß er mit göttlichem Nimbus umgeben ist. Bei den Australnegern in Victoria ist er die einflußreichste Person des Stammes und gibt deshalb den Ausschlag bei der Verteilung des Landes; in Samoa wurde ein alter Mann als Verkörperung des Gottes Taisumalie angesehen, zu dem von allen Seiten die Kranken kamen. Überall wird ihm das größte Vertrauen entgegengebracht, und nur unter dieser Voraussetzung erklären sich die Suggestivheilungen. Es kommen auch ärztliche Beratungen vor, wo es sich um einen schwierigen Fall handelt; so wird von den Persern berichtet:

Erkrankt ein Großer des Reichs, so haben viele Personen ein Interesse daran, ob er bald genesen oder das Zeitliche segnen wird. Sie alle schicken deshalb ihren Arzt zu dem Kranken, selbst der Schah den seinigen, und diese oft sehr zahlreiche Versammlung hält zur anberaumten Stunde ihre Konsultation ab. Nachdem durch die Diener Nargileh und Kaffee herumgereicht, wird die Sitzung eröffnet. Der Reihe nach tritt jeder an das Lager des Patienten, fühlt mit wichtiger Miene dessen Puls und erkundigt sich genau, was für Speisen der Kranke tags zuvor zu sich genommen habe. Hierauf entspinnt sich meist ein heftiger Kampf, ob die Krankheit als eine heiße oder eine feuchte aufzufassen sei. Als sich keine Einigung herstellen ließ, wurde ein höher gestellter Priester herbeigeholt, der nach einem Spruch des Korans die Entscheidung fällte. (Nach Bartels, Medizin der Naturvölker S. 54.)

Auch der Brotneid moderner Ärzte findet sich schon auf den niederen Gesittungsstufen, und zwar zuweilen in der krassen Form, daß der Konkurrent einfach umgebracht wird. Die Honorare schwanken außerordentlich; zuweilen wird auch ein bestimmter Vorschuß geleistet, anderswo erfolgt nur Bezahlung im Falle der Heilung. Bei den Zulus reisen geschickte Ärzte von Ort zu Ort und bleiben oft Monate, ja Jahre hindurch fort, um dann als Besitzer großer Viehherden in die Heimat zurückzukehren. Anderseits bietet der Stand auch seine nicht geringen Gefahren; manche Indianerstämme töten den Arzt, wenn er dem Kranken nicht die versprochene Heilung bringt. Oder der Arzt verliert jeden Anspruch auf Geldentschädigung, wenn der Kranke stirbt. Ja, es finden sich bei den Naturvölkern sogar Spezialisten, die nur besondere Fälle, die ihnen liegen, behandeln, bei den nordamerikanischen Indianern gibt es nicht weniger als vier Abstufungen, oder man unterscheidet nach sozialen Momenten, wie bei den alten Japanern, die den Volksärzten die Fürstenärzte gegenüberstellen. Bedeutsam ist auch die vorgeschriebene Amtstracht, die, da es sich um einen ernsthaften Kampf mit den bösen Geistern handelt, besonders prächtig und bunt sein muß; so bei der Mide-Brüderschaft der nordamerikanischen Indianer. Es erfordert sodann eine Vorbereitungszeit und häufig auch eine förmliche Aufnahmeprüfung, ehe die Kandidaten ihre Praxis antreten dürfen; daß außerdem der betreffende Bewerber ein besonders reizbares Nervensystem besitzen muß, wurde früher schon erwähnt. Ist bei den Kaffern die Zeit des Neuwerdens, der Wiedergeburt vorüber, so treten die älteren Kollegen zusammen, um auf Geheiß des Häuptlings den jungen Mann einem Examen zu unterwerfen, wozu der nächste schwere Krankheitsfall benutzt wird. Hier muß es sich zeigen, ob er imstande ist, den Patienten zu heilen oder denjenigen, der ihn behext hat, herauszufinden. Im günstigen Fall wird er mit folgendem Ritus approbiert: Das Kraut oder die Wurzel, deren Eigenschaften die Geister ihm offenbart haben, wird in Stücke geschnitten und in Wasser gekocht. Dies Wasser wird ihm vom ältesten Medizinmann über den Kopf gegossen, und dieser Vorgang beweist dem Volke, daß es nunmehr um einen sachverständigen Arzt reicher geworden ist. Eine ganz komplizierte Prozedur ist für die Aufnahme in den Mide-Orden bei den nordamerikanischen Indianern notwendig, wo der Kandidat verschiedene Ordensbrüder vom Tode aufzuerwecken hat. Übrigens lassen sich gegenüber manchem Schwindel und Betrug gelegentlich auch gediegene Kenntnisse (so der Pflanzen, Gifte usw.) und leidliche Technik, sogar bei schwierigen Operationen, wie beim Kaiserschnitt, konstatieren. In der Hauptsache aber ist der Standpunkt, wie auch nicht anders zu erwarten, der dämonologische, d. h. es handelt sich um die Austreibung böser Geister aus dem Körper des Kranken; das tritt auch noch in dem gleichfalls auf hohen Kulturstufen zu beobachtenden Amulettglauben hervor, nur daß es hier gilt, rechtzeitig der Wirksamkeit böser Wesen

122 Allgemeine Bestandteile der Religion.

vorzubeugen. Überall, wo Opfer in Frage kommen, ist der Priester an seiner Stelle, wie sich das von selbst versteht, — in dieser Beziehung verweisen wir auf den vorhergehenden Paragraphen. Dazu gehören aber auch die vielfachen Deutungen der Zukunft, die Wahrsagungen und Orakel, die stets, wie schon früher erwähnt, mit der Person des Priesters zusammenhängen. Es kommt auch vor, daß ganze Stämme im Besitz übernatürlicher Fähigkeiten sind, nicht nur einzelne Klassen und Geheimbünde, von denen noch gleich zu sprechen sein wird. So erscheinen den Malaien auf der asiatischen Halbinsel die Jakunen (die ursprünglichen Bewohner) als übernatürliche Wesen, geschickt in der Wahrsagekunst, Zauberei und Beschwörung; deshalb hüten sie sich, obschon sie dieselben verachten, doch ihnen ohne Not Böses zuzufügen. Bis auf den heutigen Tag sind die Hindus des festen Glaubens, daß die Mundas (Ureinwohner) magische Kräfte besitzen, mittels deren sie sich in Tiger verwandeln können, um ihre Feinde zu verschlingen. Die Finnen und Lappen bilden einen Gegenstand abergläubischer Furcht für ihre skandinavischen Nachbarn; ähnlich steht es mit den herumziehenden Zigeunern in Mittel- und Südeuropa. Die Traumdeutungen nehmen sodann einen bedeutenden Platz im Kultus ein; klassisch ist und unserem Gesichtskreis am nächstliegendsten die Geschichte von Josephs Erklärung der fetten und mageren Kühe. Im alten Rom gehörte es zu den Pflichten des Priesters, nach gewissen Anzeichen die Zukunft zu bestimmen, sei es nach dem Vogelflug, den Eingeweiden usw. Die Wahrsager prophezeiten Augustus eine lange Regierung, da sich die Leber der Opfer als gefaltet erwiesen hatte. Geister zu berufen ist selbstverständlich nur ein Vorrecht des Zauberers, der dadurch die sichersten Aufschlüsse über die Zukunft zu verschaffen imstande ist. Wie er selbst seinen Körper in Visionen und Ekstasen verlassen kann, um beliebig fremde Gegenden zu besuchen, so vermag er auch kraft seiner magischen Kunst die Geister der Abgeschiedenen zu beschwören, so daß sie ihm Rede stehen müssen. Solche Exorzismen haben sich noch weit in den Glauben vorgeschrittener Gesittung als charakteristisches Überbleibsel hinein gerettet, — der Spiritismus ist das letzte traurige Belegstück dazu. Der Zauberpriester vereinigt in sich die weltliche und geistliche Macht, und eben deshalb ist er eine so gefürchtete Persönlichkeit; selbst wenn später eine mehr oder minder scharfe Trennung eingetreten ist, genügt die weitreichende, mit allen wichtigeren sozialen Vorkommnissen zusammenhängende Befugnis des Vertreters der göttlichen Macht auf Erden, um ihm einen nur zu fühlbaren Einfluß auf das Diesseits zu gestatten. Die Geschichte des Priestertums bei allen Völkern ist dafür ein redendes Zeugnis; bezeichnend ist schon die vielfache Identität von Gott und Priester, so bei den Kanadiern und Irokesen oder bei den Kariben. Nahegelegt ist dieser Gedanke durch die Fetischkleidung des Gottes, in welcher der Priester auftritt. In Afrika ist der Priester, als Stellvertreter der Gottheit, der Regenmacher, der den Fluren Gedeihen bringt. Anderseits ruht auch die Gerichtsgewalt zum großen Teil in den Händen des Ganga (Priesters), so daß er Verbrecher entdeckt und der Bestrafung überliefert, besonders auf Grund der geheimen Bünde.

Vor allem bekundet er aber seine göttliche Natur durch die Wiedergeburt, die er durch den Fetischbund vermittelt, — dasselbe gilt vom nordasiatischen Schamanen. In Ägypten ist schon eine gewisse Teilung eingetreten; einerseits war der Priester ein ungemein wichtiger sozialer Faktor, schon deshalb weil der Kultus überall in das Volksleben unmittelbar eingriff, andererseits stellt sich ihm später der König als Verkörperung der Gottheit gegenüber. Sein charakteristischer Beiname ist: Das lebende Bild des Amon, und auf einigen Obeliskinschriften wird der König auch direkt der gütige Gott und der Lebensspender genannt. Daß im Stromland des Nil die Priester eine mächtige Kaste bildeten, deren Kunst und Wissen erblich war, ist bekannt. Bei den Israeliten zeigt uns die Richterzeit weltliche und geistliche Gewalt noch ungeteilt, später tritt die Differenzierung ein, ja geradezu der Kampf des Priesters mit dem König, bis die Hierarchie immer einflußreicher wird, sich ein Levitenadel bildet, und endlich der Hohepriester eine fast unumschränkte Stellung einnimmt. Berühmt waren die chaldäischen Priester und Magier, denen wir ganze Theogonien und Kosmogonien zu verdanken haben; durch ihre astrologische Kunst vermochten sie einen starken sozialen Einfluß auszuüben. Ihren Ruf erbten die persischen Magier, deren Bedeutung infolge eines sehr peinlich gehandhabten Ritus immer mehr zunahm. Kam es doch vor, daß sie sich der Königsgewalt bemächtigten, oder umgekehrt daß Könige durch ihre Söhne berühmte Priestergeschlechter begründeten. Eine ganze Stadt, Zela, gehörte den Priestern, die dort unumschränkte Herren waren,

Der Priester.

etwa wie die Lamas im tibetischen Lhassa. Am glänzendsten hat sich wohl die Priesterschaft in Indien entfaltet, die Brahmanen sind die Vertreter Gottes, die bei allen Angelegenheiten um Rat gefragt werden mußten; ja, das Gesetzbuch stellte die volle Unterwürfigkeit des Königs unter die Macht der Brahmanen fest, die übrigens durch die feste Geschlossenheit der Kaste ihren Einfluß noch verstärkten. In der buddhistischen Kirche ist mit rücksichtsloser Konsequenz die Anschauung von der Inkarnation der Gottheit ausgebildet, und der jeweilige Dalai-Lama in Lhassa ist der eingeborene Buddha, — in der katholischen Kirche ist der Papst freilich unfehlbar, aber doch nur Statthalter Christi auf Erden. Der Dalai-Lama beansprucht die geistliche Oberhoheit über alle Buddhisten und gilt als weltlicher Statthalter für China in Tibet; nach seinem Tode suchen die Lamas nach gewissen Kennzeichen einen neuen Bodhisathwa in einem Kinde aus. Im Reiche der Mitte gelang es den Mönchen nicht, sich der staatlichen Herrschaft zu bemächtigen, da dort nach alter Anschauung der Kaiser als Vertreter des Himmels galt, in ihm sollte göttlicher Geist wohnen. In Griechenland und Italien spielten die verschiedenen Priesterschaften gleichfalls eine wichtige Rolle; in Sparta gab es ein direktes Priesterkönigtum, spätere Priestergenossenschaften wußten sich großen Besitz an Land und Geld zu verschaffen, so daß sie geradezu als Bankhäuser dienten. Diese verstanden es, sich aller normalen Staatsgewalt zu entziehen, und erfreuten sich einer vollkommen ungestörten Selbstverwaltung. Auch in Vorderasien sollen nach den Angaben von Strabo solche Priesterreiche, Kirchenstaaten mit modernem Ausdruck, bestanden haben, die freilich in Üppigkeit und Schwelgerei versunken waren, bis Pompejus tüchtig unter diesen Parasiten aufräumte. In Rom führte der Priester selbst nach der Einführung der Republik den Namen rex, freilich mit dem Zusatz: sacrorum. Die Kultaufsicht war dem pontifex maximus zugeteilt, der auch den rex ernennt; durch den Einfluß, den die pontifices auf das soziale Leben nach allen Richtungen hin ausübten, wurden denn auch die Kaiser veranlaßt, dies Amt sich gleichfalls anzueignen. Es ist in der Tat bezeichnend, daß das Pontifikat, selbst nachdem es ein christliches geworden war, dem Wesen nach mit dem Kaisertum (dem germanischen natürlich) vereinigt blieb. Die russische Kirche zeigte bis vor kurzem in der Person des Zaren diese Verknüpfung, nachdem durch Peter den Großen dem Patriarchen die bisherige geistliche Oberherrlichkeit genommen war. Der Papst endlich ist für den strengen Katholiken der Stellvertreter Christi und damit Gottes, der durch dessen Mund zu den Gläubigen der Erde redet; deshalb ist auch sein Wort und Befehl unfehlbar, und jede Auflehnung dagegen Sünde. Auch politisch ist die Stellung des zum König aufgerückten Priesters bedeutsam; die Erbfolge und der Bestand der Dynastie ist dadurch bedingt. Wenn in Loango ein Herrscher seinen Tod herannahen fühlt, so teilt er seinem Rat die geheimen Zeichen mit, an denen erkannt werden kann, in welchen seiner Söhne sein Geist gefahren sei. Der Inka in Peru war der erbliche Priesterkönig, der deshalb auch als offizieller Vertreter der Gottheit einen entsprechenden Kultus erhielt; genau dasselbe war der Fall in Ägypten, wo der König Sohn des Amon-Ra oder, wie auch schon erwähnt, das lebende Bild desselben hieß. Der japanische Mikado führt seine Abstammung unmittelbar auf die Götter zurück; er ist ebenso, wie der Kaiser im Reich der Mitte es war, für alles Glück und Unglück persönlich verantwortlich, ihm wird göttliche Verantwortung zuteil, er erhält Opfer usw. Wie überall, so ist auch hier der alte Dualismus wirksam; der böse Zauberer bringt dem Menschen Schaden und Unheil, Krankheit und Tod. Besonders muß man sich vor dem bösen Blick des Hexenmeisters schützen, der die ahnungslosen Menschen ins Unglück stürzt, das Vieh schädigt usw., — eine Vorstellung, die wir noch heutigestages bei der Landbevölkerung finden, namentlich in romanischen Ländern. Daraus ergibt sich dann der bekannte Gegensatz und ununterbrochene Kampf zwischen weißer und schwarzer Magie, zwischen himmlischer und teuflischer Kunst, wie ihn z. B. Moses gegenüber den ägyptischen Zauberern versinnbildlicht, oder um einen mehr modernen Fall anzuführen, als die christlichen Missionare in Ostasien manchen frappanten Ähnlichkeiten im Kultus mit ihrer Religion begegneten, da erklärten sie dieselben kurzerhand als Teufelswerk.

§ 8. Geheimbünde.

Bei den meisten Naturvölkern finden wie mehr oder minder geschlossene Organisationen, Klubs der Männer, die durchweg mit religiösem Nimbus umgeben sind und, wie wir noch genauer sehen werden, verschiedenen Zwecken dienen. Vorerst möge eine kurze ethnographische Übersicht erfolgen. In Melanesien, besonders im Bismarck-Archipel, existiert der gefürchtete Duck-Duck-Orden, der unter festlichen Veranstaltungen und Maskentänzen Strafen vollzieht, Steuern eintreibt usw., in der Hand einflußreicher Häuptlinge, die stets zum Bunde gehören, eine wirksame Macht. Der Zusammenhang mit den früher schon behandelten Knabenweihen ist unverkennbar, so durch das Austeilen von Schlägen, durch die Wiedergeburt des Adepten u. a., auch die animistische Idee des Totenkultus spielt hinein, indem die maskierten Gestalten als Geister der Verstorbenen angesehen werden. Darauf deutet auch das Aufbewahren der Schädel in den gemeinschaftlichen Hütten hin. Auf den Salomoinseln gibt es einen Bund mit Namen Matambala; die Genossenschaft, die nur alle sechs bis zehn Jahre ihre Feste feierte, dann freilich auch monatelang, bediente sich gleichfalls der Masken, zum Teil ungeheurer, so daß 80 bis 100 Menschen dieselbe trugen. Zu diesen Festzeiten wurden neue Mitglieder aufgenommen. Der Bund diente in der Hauptsache zur Aufrechterhaltung der Männerherrschaft. Auf den Neuen Hebriden existierte die große Tamate-Gesellschaft, die ebenfalls Maskentänze veranstaltet, zu denen Frauen und Kinder, wie durchweg, keinen Zutritt haben. Wenn das offizielle Zeichen ertönt, ist das Land geschlossen, d. h. die Geister stürmen durch den Ort, erschrecken Weiber und Kinder und prügeln jeden Uneingeweihten, dessen sie habhaft werden können. Zuweilen müssen auch sehr scharfe Eintrittsprüfungen bestanden werden, so bei dem Quat-Orden auf den Neu-Hebriden, wo der Novize nackt über Blätter des Brennesselbaumes kriechen muß, die mit kochendem Seewasser begossen sind; noch zweitägigem Fasten erhält er dann ein wenig Wasser, das er von der Erde auflecken muß usw. Nordamerika ist das eigentliche Eldorado der Geheimbünde mit allem phantastischem Aufputz der Masken und Festlichkeiten, die die ursprüngliche Mystik unverhüllt zum Ausdruck bringen, die anderwärts, so meist in Ozeanien und Polynesien, vielfach schon geschwunden ist. Der Novize erwirbt durch die sogenannten Hamatztänze in Vancouver einen Schutzheiligen, einen Manitu, wird also wiedergeboren (dabei ereignen sich, wie früher schon erwähnt, ekelhafte kannibalische Vorgänge, indem der vom Geist Besessene die unwiderstehliche Gier nach Menschenfleisch äußert). Auch sonst kommen zahlreiche Geheimbünde vor; so bei den Algonkin die Mide-(Zauber-)Gesellschaft, wo gleichfalls die mystische Wiedergeburt eine besondere Rolle spielte. Oder bei den Schwarzfußindianern, wo wiederum die Justiz den leitenden Gedanken abgibt. Bei den brasilianischen Waldindianern sind Maskenfeste vielfach üblich; sie tragen aber meist einen harmlosen Charakter; charakteristisch ist es, daß Tanzen und Singen durch dasselbe Wort bezeichnet wird. Einen ungemeinen Reichtum weist Afrika auf, besonders im Westen; in Sierra Leone überwacht der streng organisierte Purrah-Bund das Tun und Treiben des Stammes, die Exekutoren erscheinen vermummt mit Dolchen und brennenden Fackeln, töten die Leute, die sich nicht rechtzeitig flüchten, und plündern die Häuser der Schuldigen. Der neu Aufgenommene, der sich gleichfalls mancherlei Prüfungen unterziehen muß, verpflichtet sich unter einem Eide, nichts von den Geheimnissen, die ihm anvertraut werden, zu verraten. Der Mumbo-Djumbo bei den Madingovölkern erfreut sich eines großen Rufes; man versteht darunter einen geheimnisvollen Waldteufel, der nachts hervorbricht, um Tänze aufzuführen und an Schuldigen Bestrafungen vorzunehmen, besonders an Frauen. Er ist das Organ eines geheimen Männerbundes, der sich seine Überlegenheit zu sichern versteht. Im südlichen Senegambien finden wir auch weibliche Bünde. Im Gebiet von Yomba übt der Egungun-Bund eine Art Justiz an den Frauen aus, anderseits steht er im nahen Zusammenhange mit dem Totenkultus; einige Tage nämlich nach dem Begräbnis eines Verstorbenen durchzieht der Egungun mit einem Gefolge maskierter Bundesmitglieder die Stadt, indem er mit lauter Stimme den Namen des Toten ausruft. Dann wiederum nach einigen Tagen geht er zur Familie des Verstorbenen, um ihr über das Schicksal der Angehörigen Mitteilung zu machen, worauf er reichlich bewirtet wird. Ähnlich erscheint dort der Oro, bewaffnet mit einer mächtigen Bambuspeitsche und begleitet von vielen Bundesmitgliedern, um die schon vorher bestimmten Verbrecher aufzugreifen und erforderlichenfalls auch zu töten. Handelszwecken dient der mächtige Egbo-Orden in Kamerun, der auf einem großen Ölmarkt zwischen Kalabar und Kamerun zur Verhütung von Zwistigkeiten und Unordnungen gegründet sein soll. Er zerfällt in elf Grade oder Abstufungen, von denen die drei obersten nicht für Sklaven käuflich sind. Die Bestrafungen werden sehr rücksichtslos vorgenommen, so daß wohl von einem gewissen Terrorismus gesprochen werden darf. In Kalabar steht an der Spitze des Bundes ein Oberpriester; auch finden regelmäßige Sitzungen mit Opfern, Tänzen und Gebeten statt; auch kommt Kannibalismus vor. Ebenso wird von einem solchen Vorsteher berichtet bei den Aduma, wo der Leiter des Bundes Ngoi die Eintrittsgelder der neuen Mitglieder in Empfang nimmt, während der Waldgeist Ngoi den Mittelpunkt aller festlichen Veranstaltungen bildet. Bei den Totenfesten wird die Leiche in den Wald getragen und von den Mitgliedern des Bundes verspeist. Auch hier haben es die Frauen verstanden, sich dem lastenden Druck der Männer durch Gründung eines besonderen Bundes zu entziehen, er heißt Njembe, dessen Kultus streng geheim gehalten wird. Endlich könnten wir noch aus der überreichen Fülle des Materials die beiden Orden Sindungo an der Loangoküste und Ndembo am Kongo erwähnen; dort ist es der Königsmacht gelungen, sich die Geheimbünde nutzbar zu machen, was aus folgender Schilderung hervorgehen dürfte: Ein königlicher Beamter beruft die Mitglieder des Sidungo im Walde zusammen und verteilt unter sie Masken und Blättergewänder, die zur Vermummung dienen sollen. Kaum ist das aber geschehen, so fallen die Sidungo über den Beamten her und jagen ihn in die Ortschaft zurück, um somit ihre Selbständigkeit wieder zu behaupten. Außerdem handelt es sich noch darum, Regen herbeizuführen, die Bestattungsfeierlichkeiten zu überwachen usw. Bei den Ndembo tritt das mystische Element wieder stark in den Vordergrund, Wiedergeburt, ekstatische Vorgänge, dramatische Aufführungen usw.

Bei den Geheimbünden, die bald straffer, bald loser organisiert sind, lassen sich verschiedene Motive unterscheiden; zwei drängen sich für die Betrachtung in den Vordergrund, nämlich ein ausgeprägt mystischer Zug, anknüpfend an den Totenkult, und andererseits das Bedürfnis nach Schlichtung von Rechtsstreitigkeiten, und zwar meist dann, wenn die gewöhnliche Justiz (so bei der Feme) versagt. Charakteristisch ist die ausgedehnte Verwendung von Masken, die durchweg totemistische Anschauungen verraten. Noch stärker tritt die Beziehung zur Manenverehrung hervor in der Wertschätzung und religiösen Scheu, die den Schädeln zuteil wird, daran knüpfen sich dann die scheußlichen Ausartungen der Kopfjagden und des Skalpierens. Mit Vorliebe häuft man die Schädel im Männerhause auf, dessen Bewohner als abgehärtete Krieger und als Freunde der Toten sich weniger vor den Nachstellungen der abgeschiedenen Geister fürchten als die Familien. Die in Polynesien so wirksamen Tabugebräuche, die Scheu vor der Berührung desjenigen, das der Gottheit geweiht ist, spielt auch mit hinein, zumal die Bestattung nur zu leicht zu einer unverbrüchlichen Verletzung dieser Verbote führen kann. Maßgebend ist der überall zum Durchbruch gelangende Gedanke von der Furcht vor den unheimlichen Mächten, besonders vor den Geistern der Verstorbenen. Eben aus diesem für den Naturmenschen so schlagenden Grunde ist auch der schrankenlose Terrorismus erklärlich, den diese Genossenschaften meist ausüben. Da diese Einrichtungen, wie wir gesehen haben, mit den Knabenweihen zusammenhängen, so vertieft sich durch diese Perspektive die Anschauung vollends zu einer für uns kaum faßlichen Mystik; es ist die Wiedergeburt, um die es sich in den ekstatischen, durch anhaltendes Fasten und Tänze hervorgerufenen Zuständen handelt, die unmittelbare Vereinigung mit der Gottheit, wodurch das neuaufgenommene Glied des Bundes gleichfalls wundertätige Kraft erlangt. Nur dadurch kann sich ja die ganze Gesellschaft das erforderliche Anseben und den sozialen Einfluß sichern, und daher muß dieser Ruf öfter durch besondere Maßregeln bei den übrigen Stammesgenossen wieder befestigt werden. Tritt der Novize aber durch den unmittelbaren Geisterverkehr gleichsam in ein höheres Lebensstadium ein zufolge eben der völligen inneren Umwandlung, so ist es begreiflich, daß er sich aus dem natürlichen Geschlechtsverbande mehr oder minder löst, ja diesem als überlegene Macht gegenübertritt. Andererseits macht sich der soziale Faktor entschieden geltend; sind doch solche Genossenschaften gleichsam ein Staat im Staat, eine Sonderorganisation mit eigener Exekutive, die eben dann einschreitet, wenn die offizielle Justiz versagt. Dazu kommt, daß begreiflicherweise auf Verletzung des Geheimnisses und Schwures eine harte Strafe steht, um so härter, als die Wertschätzung des Lebens bei den Naturmenschen nur eine recht geringe ist. So wurde in Westafrika jemand, der bei den Tänzen sich ungeschickt anstellte und strauchelte, einfach erschlagen. Alle Nichtmitglieder, vor allem die Frauen und Sklaven, müssen mit unnachsichtlicher Strenge ferngehalten werden; alle etwaigen Unbotmäßigkeiten und Auflehnungen werden blutig bestraft. Der Bund, geschützt durch die Masken und den Nimbus der Religion, wird zum heimlichen Gerichtshof und bringt dank seiner meist straffen Organisation mehr Ordnung in das rechtliche und soziale Leben, als das Ansehen schwächlicher Häuptlinge. Freilich macht sich auch hier der alles nivellierende Zug der Zeit geltend; vielfach gelingt es den Frauen, doch Eintritt zu erhalten, so bei den Bakaïri in Brasilien, ja, es kommt vor, daß der ursprünglich gefürchtete Geheimbund in der Form einer harmlosen Kultusgesellschaft sein Leben weiter fristet, wie auf den Banks-Inseln nach Einführung des Christentums. Oder aber sie entarten (so häufig in Afrika) zu reinen Raub- und Mordbanden, anderwärts stellen sie sich als Polizeitruppe in den Dienst der Häuptlinge und begeben sich dadurch auch tatsächlich ihrer Unabhängigkeit. Andererseits ist es charakteristisch für die Kraft sozialer Bildungen, daß diese Institutionen auch unter ganz veränderten Verhältnissen plötzlich wieder auftauchen, wie in der Lynchjustiz und in der mittelalterlichen Feme, bei der letzteren hatte sich freilich noch ein Rest früherer religiösen Kultverrichtungen erhalten.

Auch auf den Stufen vorgerückter Gesittung gibt es solche Genossenschaftnn, die aber durchweg ihren sozialen Charakten verloren haben, um dafür ein rein religiöses Gepräge anzunehmen. Die umfassendste hierarchische Organisation, die deshalb auch soziale Züge hervorkehrt, ist die Kirche, die theokratische Institution mit der unnachsichtlichen Forderung der göttlichen Offenbarung, der Anerkennung einer inspirierten Schrift, nach der sich alle Gläubigen zu richten haben, Beobachtung bestimmter Riten, Abhaltung von Festen usw. Die genauere Ausführung gehört in einem anderen Zusammenhang, hier nur so viel, daß alle Kirchen, welches Bekenntnis sie auch vertreten mögen, aus innerer Notwendigkeit zur Propaganda gezwungen sind. Die Kriege des Gottes Assur, Jahwes, der Sassaniden unter dem Zeichen Ahura Mazdas, die großen Eroberungszüge Mohammeds, die fast riesenhafte Ausdehnung des Buddhismus, lediglich auf friedlichem Wege, die christliche Missionstätigkeit endlich gehört in diesen Rahmen. Überall handelt es sich zugleich um einen Machtzuwachs der Kirche, wobei der sittlich veredelnde Einfluß auf die Völker nur allzusehr in den Hintergrund tritt.

Denn ihre eigentliche Bestimmung, wie mit Recht Tiele erklärt, besteht darin, die armen Menschenkinder in ihrem Kampf ums Dasein, ihrem Suchen nach Licht zum Bewußtsein ihrer wahren Bestimmung zu bringen, ihrer Verwandtschaft mit Gott, des Unendlichen, das auch in ihnen lebt, Trauernde zu trösten, Verlorene zu suchen, Gefallene wieder aufzurichten, Schwache zu stützen, Hoffärtige zu beschämen und durch ihre Predigt, ihre Symbole, ihren erhabenen Kultus, durch das Vorbild ihrer Diener die Augen und die Herzen aufwärts zu richten, voll Verlangen nach einem Heil, das nicht vergeht, und einem Frieden, den nichts stört (Einleitung in die Religionswissenschaft II 147).

Zweiter Abschnitt.
Allgemeine Formen in der Entwicklung der Religion.

Einleitung: Begriff der Religion.

Ehe wir in gedrängter Kürze die typischen Züge des religiösen Bewußtseins der Menschheit auf den verschiedenen Stufen zusammenfassen, ist es notwendig, den Begriff der Religion einer Erörterung zu unterziehen, wie sie sich ungewungen aus der bisherigen Darstellung ergibt. Es widerstreitet den Tatsachen, in der Erklärung und Begründung einseitig, bald nur mit Rücksicht auf den forschenden Verstand das Kausalitätsbedürfnis des Menschen, bald ebenso ausschließlich das Gefühl der Abhängigkeit von einer höheren Macht zu betonen. Wie für die völkerpsychologische Untersuchung Glaube und Verehrung, Gebet und Kultus unmittelbar miteinander gegeben war, so darf man auch in der abstrakten Bestimmung beide Momente nicht trennen; ebenso gehört, wie wir sahen, das weite, bunte Gebiet der Mythologie, wenigstens anfänglich, so bei den Naturvölkern, zur Religion. Es ist auch nicht ratsam, den Rahmen zu weit zu spannen und die Definition von ganz hohen, höchstwahrscheinlich unzutreffenden Voraussetzungen abhängen zu lassen, wie z. B. Tiele es tut, der erklärt: Der Glaube an die geistige Einheit Gottes und des Menschen, bei vollkommener Anerkennung der Erhabenheit Gottes über uns, also der Glaube an die Einheit des Unendlichen über uns und des Unendlichen in uns ist der Kern aller Religion (Einleitung in die Religionswissenschaft II, 158). Diese hohen philosophischen Vorstellungen finden auf die unklaren, unzusammenhängenden und wenig geläuterten Anschauungen der Naturvölker keine Anwendung. Ebensowenig darf die für uns geläufige Forderung der Sittlichkeit auf die Anfänge der religiösen Entwicklung ausgedehnt werden; hier finden wir umgekehrt manches, was schnurstracks dem Wesen der Moral widerspricht. Feuerbach sagt: Grundvoraussetzung des Glaubens an einen Gott ist der Wunsch, selbst Gott zu sein; auch diese Ableitung ist unvollständig, weil hier vielleicht das Ziel des religiösen Strebens richtig erfaßt ist, aber nicht der ursprüngliche Beweggrund, die Stimmung, aus der sie geboren wurde. Vielleicht könnte man zunächst sich Wundts Auffassung anschließen, der sich so zu dem Problem stellt: Religiös sind alle diejenigen Vorstellungen und Gefühle, die auf ein ideales, den Wünschen und Forderungen des menschlichen Gemütes vollkommen entsprechendes Dasein sich beziehen (Ethik, S. 41), aber diese Erklärung ist unseres Erachtens zu allgemein gehalten. Maßgebend ist sowohl das theoretische Moment des Glaubens (der auf Grund des ursprünglichen Animismus völlig begreiflichen Annahme von Geistern), als auch das unmittelbar damit verknüpfte praktische der Verehrung, der Anbetung dieser Mächte, wobei eben früher einseitig nur die Furcht hervortrat. Schaarschmidt hat deshalb beides zusammengefaßt, wenn er schreibt:

> Das erste Grundlegende in der Religion ist der Glaube, die theoretische, das zweite, die Verehrung oder der Dienst des Göttlichen, der Kultus, die praktische Seite der Religion. Der Glaube antwortet auf die Frage, was das Göttliche sei, und wie es zum Menschen stehe; der Kultus betrifft die Frage, was man zu tun habe, um des Wohlwollens und Beistandes der Gottheit zu genießen und deren Mißfallen zu vermeiden. Also schließt die Religion einen Glauben in sich, auf dem sie beruht, und einen Kultus, in dem sie sich darlebt. (Die Religion, Einführung in ihre Entwicklungsgeschichte, Leipzig 1907, S. 8.)

Es ist völlig unangebracht und entspricht nicht den positiven Tatsachen, dem Gegenstand der Verehrung bei einem niederen Naturvolk, der unseren geläuterten sittlichen Begriffen nicht genügt, den Namen Gott zu verweigern. Jeder Fetischklotz hat darauf Anspruch, um so mehr als der Neger stets die wunderbare Kraft von dem bloß zufälligen Gegenstande, der von ihr in Besitz genommen ist, unterscheidet. Und ebenso wäre .es falsch, die weiteren Bedingungen des religiösen Verhaltens hier in Abrede stellen zu wollen, wie Frömmigkeit, Gehorsam, Demut usw., nur daß natürlich der positive Gehalt dieser Funktionen himmelweit von unseren Idealen entfernt ist. Wenn Max Müller in einer viel angeführten Erklärung die Wahrnehmung des Unendlichen als Urquell der Religion hinstellt, so leidet auch diese Fassung an einer Unvollständigkeit;

es handelt sich nicht um eine Wahrnehmung eines
Unendlichen — dazu gehörte ein ungemein scharfes
Auge —, sondern um die Projektion des im Menschen
selbst liegenden Unendlichen, durch das auf den
höheren Stufen das pantheistische All-einheitsgefühl
entsteht, vermöge dessen wir uns in erhabenen Augenblicken
mit der Gottheit identisch fühlen. Selbstverständlich
soll damit nicht gemeint sein, daß
dies Gefühl bewußt und von klarer Erkenntnis
durchleuchtet in dem Naturmenschen wirksam sei,
sondern umgekehrt in schwächster Dämmerung
tätig. Aber dies Unendlichkeitsbedürfnis würde
gegenstandslos bleiben, gleichsam eine ästhetische
Schwärmerei, wenn es nicht durch das Leben selbst
seinen konkreten Ausdruck fände, ja geradezu aus
der Not und Angst des Daseins, in der wir weise
Kulturträger übrigens gerade so verstrickt und gefangen
sind, wie der armselige, verachtete Naturmensch,
herausgeboren wäre. Das war der Fehler
der meisten Sprachforscher, daß sie aus der Mythologie
und Religion eine künstlerische Spielerei
einer müßigen Phantasie machten ohne jeden ernsthaften
Hintergrund; für die Naturvölker ist sie
umgekehrt eine sehr positive Realität, der Ausdruck
eines tiefen Erlösungsbedürfnisses, was uns nachträglich
als Symbol und feinsinnige Dichtung erscheint,
— auch das ist eine psychologische Verfälschung
der Tatsachen. Auch die Ethik ist, wie
schon angedeutet, gelegentlich fälschlich in diesen
Zusammenhang gebracht worden; die Erfahrung hat
gezeigt, daß höhere sittliche Vorstellungen sich stets,
wie es auch psychologisch gar nicht anders sein
kann, erst verhältnismäßig spät gebildet und auf

die Religion einen bedeutsamen Einfluß ausgeübt haben. Charakteristisch ist deshalb auch die Heteronomie der anfänglichen sittlichen Ideale, die ohne Ausnahme nicht in sich selbst ihre sachliche Begründung finden, sondern in der göttlichen Autorität. Es bleibt bei dem bekannten Schillerschen Spruch:

> Nehmt die Gottheit auf in euren Willen
> Und sie steigt von ihrem Weltenthron.

Danach ließe sich die Religion am kürzesten als die Verehrung höherer (meist übersinnlicher) Mächte fassen. Im Begriff der Verehrung liegt als selbstverständlich eingeschlossen der des Glaubens; denn es ist klar, daß von einer Verehrung nur die Rede sein kann, wenn vorher oder zugleich sich dem Bewußtsein die Überzeugung oder der Glaube an solche Wesen aufgedrängt hat. Diese Mächte erweisen sich kräftiger und stärker, wie der Mensch selbst, deshalb eben sind sie ihm Helfer und Retter aus Todesnot; da der Naturmensch alles sinnlich auffaßt, so gilt das auch durchweg für die religiöse Welt. Die Götter sind sinnliche Wesen, nur im höheren Grade mit menschlichen Vorzügen ausgerüstet, wie wir das so anschaulich an dem naiven Anthropomorphismus eines Homer sehen können, der ihnen auch nicht die bedenklichsten menschlichen Leidenschaften und Schwächen erspart. In der Tat, Schiller hat recht mit seinem Ausspruch: In seinen Göttern malt sich der Mensch, und die ganze weite Kulturgeschichte von den Naturzuständen an ist dafür ein redendes Zeugnis. Erst allmählich hat sich auch hier der Fortschritt der Gesittung geltend gemacht; Erkenntnis und geläuterte Sittlichkeit mußten Hand in Hand das religiöse Gebiet befruchten und zu einer höheren Stufe führen. Jene Begriffsbestimmung genügt übrigens sowohl in sozial- als auch in individual-psychologischer Hinsicht; jenes ist der schon früher skizzierte Standpunkt der Völkerkunde, für welche die Religion in ihrem ganzen Umfange eine soziale Funktion ist, d. h. eine organische Äußerung des Stammlebens, gerade so gut wie Sprache, Recht oder Kunst. Schon um deswillen ist für uns die vielberufene Streitfrage, ob es auch religionslose Völker gebe, im verneinenden Sinne entschieden; sie hat überhaupt nur aufkommen können, weil der Rahmen zu eng gezogen war für die Betrachtung, und zu hohe Anforderungen für den Begriff der Religion aufgestellt waren. Irgendwelche Spuren gottesdienstlicher Handlungen, von Opfern finden wir überall, wenn auch in der kümmerlichsten Form, und was wären diese anders als Äußerungen religiöser Gefühle und Wünsche? Individualpsychologisch enthält die Verehrung aber die unmittelbare Beziehung auf die maßgebenden seelischen Regungen, ohne die alle Religion leere Form und Attrappe sein würde. Man mag sagen, was man will, diese Sehnsucht, aus der quälenden Not des Daseins herauszukommen, einen wirksamen Schutz gegen die zahlreichen Feinde von außen und von innen zu finden in einem unerschütterlichen Glauben an die Macht höherer Wesen, das ist der eigentliche Grundquell, aus dem alle religiöse Entwicklung stammt, so verschieden sich dieselbe auch späterhin gestalten mag. Sie ist ebenso wirksam und lebendig im dunklen Bewußtsein eines naiv sinnlichen, brutal egoistischen Australnegers wie in der geläuterten Vorstellung eines hochgebildeten und sittlich tief veranlagten Europäers unserer Tage, trotzdem der Inhalt dieser Anschauungen fast unvergleichbar verschieden sein mag. Läßt man nämlich diese innere Einheit des religiösen Bewußtseins fallen, so ist es schlechterdings unmöglich, den späteren Verlauf in seiner organischen Gesetzmäßigkeit zu erfassen.

§ 9. Unterste Stufen (Fetischismus, Schamanismus).

Der vielumstrittene Begriff der Entwicklung, den wir auch für die Religion in vollem Umfang in Anspruch nehmen, bedarf freilich einer kritischen Prüfung, um Trugschlüsse zu vermeiden. Vorausgesetzt ist dabei die oben erwähnte religiöse Anlage, das unausweichliche Bedürfnis der Hilfe aus irdischer Not und Bedrängnis. Und ebenso ist dabei der Gedanke maßgebend, daß alle Religionen, sie mögen schließlich noch so sehr variieren, eine organische Einheit darstellen und deshalb typische, stets wiederkehrende Züge erkennen lassen. Oft ist das nur möglich auf Grund der so bedeutsamen Überlebsel, die dem schärferen Blick inmitten einer sonst ganz fremdartigen Umgebung die ursprüngliche Abstammung verraten. Fetischhaftes, Dämonologisches, uralte Mystik finden wir daher auch auf höheren Gesittungsstufen, aber gleichsam versprengt, nur beherrscht von Anschauungen, die sich für gewöhnlich unterhalb der bekannten Oberfläche verbergen, unter dem Deckmantel des für die Psychologie so er-

giebigen Aberglaubens. Und ebenso läßt sich, wie
eben betont, das Erlösungsbedürfnis auch schon
inmitten barbarischer Zustände erkennen, nur gleichsam überwuchert von üppigen Ranken des Kultus.
Trotzdem sind wir wohl befugt, gleichfalls in der
religiösen Entwicklung von Stufen zu sprechen, die
sich gegenseitig ablösen, also von einem gewissen
Fortschritt, der eben mit der sich veredelnden Gesittung gleichen Schritt hält; wie der anfängliche
Glaube an Zauber und Spuk später wissenschaftlicher Erkenntnis weicht und dafür die Vorstellung
eines gesetzmäßigen Verlaufes eintritt, wie sie unserer
Naturauffassung geläufig ist, so verschwindet auch
die frühere Brutalität, die Sinnlichkeit und der unverhüllte Egoismus in dem Bilde der Göttergestalten.
Der Fetischismus gilt uns somit als eine psychologische Durchgangsstufe, die alle Religionen einmal
durchlaufen haben, und nicht, wie Max Müller will,
als eine lokale Zersetzung und Entartung. Die Bezeichnung stammt bekanntlich vom portugiesischen
Wort feitiço, das sich wiederum ableitet vom
lateinischen factitius; der Ausdruck wurde anfänglich auf die Vorstellungen und Erscheinungen bezogen, denen die portugiesischen Missionare an der
westafrikanischen Küste begegneten. Aber schon
de Brosses in seinem berühmten Buch: Du culte
des dieux fétiches (1760) verglich diese Momente
mit ähnlichen Vorkommnissen in Ägypten. Comte
hat dann geglaubt, eine besondere Religionsstufe
damit bezeichnen zu sollen. Man darf übrigens
nicht verkennen, daß ihm eine viel höhere Tendenz
innewohnt, als man gewöhnlich annimmt; nicht
ohne eine gewisse Ironie erklärt Bastian: Der Fetisch-

glaube gilt als die roheste Auffassung der Religion, aber roher noch dürfte fast die europäische Auffassung solcher afrikanischen Auffassung erscheinen, besonders wenn im eigenen Hause gekehrt werden sollte. Das gilt z. B. in der Hinsicht, daß stets zwischen dem bloß zufälligen Sitz des Geistes und diesem selbst unterschieden wird; naher auch die sympathetische Beziehung zwischen dem Fetisch und dem Menschen, der hierin seinen Retter und Helfer erblickt (er ist für ihn gleichsam ein gütiger Schutzgeist, dessen Laune und Willfährigkeit man durch entsprechende Opfer und Gelübde erkaufen muß). Das ist auch die Vorstellung, die sich mit dem melanesischen Mana verbindet; dort besteht freilich die allgemeine Überzeugung, daß es eine übernatürliche Macht gibt, die für gewöhnlich über die Grenzen der sinnlichen Wahrnehmung erhaben ist, aber sie kann sich trotzdem in den Naturwesen offenbaren und so in unmittelbare Beziehung mit den Menschen treten. Dies Mana kann von allen sinnlich wahrnehmbaren Gegenständen Besitz nehmen, am stärksten von Tieren und Menschen, und wer sich selbst dann durchdrungen fühlt, der hat damit die Fähigkeit des Zauberns erlangt. Genau dasselbe ist beim Fetisch der Fall, der nicht nur gleichsam als Amulett zur Abwehr böser Dämonen dient, sondern auch dem Menschen unerwartete Erfolge verschaffen kann, z. B. Sieg über die Feinde, Wachstum der Saaten usw. Diese Vorstellung entspricht dem ägyptischen Ausdruck Sa, einer Art göttlichen Fluidums, das von den Menschen aufgefangen wird, wie die Seelen von den polynesischen Priestern. Ähnliches berichtet Brinton von den Dakotastäm-

Unterste Stufen (Fetischismus, Schamanismus). 145

men und den früheren peruanischen Bewohnern. Mit dem Fetischismus kann sich, wie Tiele ausführt, im weiteren Verlauf eine höhere Symbolik verknüpfen: Hat er auf der einen Seite zu widerwärtiger Abgötterei geführt, so ist auf der anderen Seite aus ihm durch die Macht der Poesie und der bildenden Künste eine reiche Symbolik erblüht, die ein wichtiges Moment der religiösen Sprache bildet und nicht einmal auf das Gebiet der Religion beschränkt ist. Das englische Union Jack und unsere Driekleur sind in den Augen des Negers Fetische. Sie sind es im edelsten Sinne, Symbole unserer Nationalität und Unabhängigkeit, sichtbare Erinnerungen an das Vaterland in fernen Himmelsstrichen, und wir sind bereit, sie mit unserem Leben zu verteidigen. Die eigentliche Triebfeder ist und bleibt die schrankenlose Allbeseelung, welche der primitive Mensch durch einen unwiderstehlichen Personifizierungsdrang genötigt ist, in seiner Umgebung zu vollziehen. Ob sich das auf die großen Naturkräfte bezieht, die in das Leben des Naturmenschen bestimmend eingreifen, oder auf irgendwelche zufällige Erfahrungen, macht nichts aus; viel angeführt ist die göttliche Verehrung, die an der westafrikanischen Küste einem Anker widerfuhr, von dem ein Eingeborener ein Stück abgeschlagen hatte. Als er bald darauf von einer hitzigen Krankheit hinweggerafft wurde, war es klar, daß sich der darin verborgene Gott für die ihm zugefügte Unbill gerächt hatte. Das Pferd wurde das Bild des Donnergottes für die Mexikaner, die die tödliche Wirkung der spanischen Reiter diesem noch nie gesehenen Fabelwesen zuschrieben. Gemäß dem sinnlichen

Charakter des Naturmenschen ist alles äußerst materiell gedacht, egoistisch; deshalb die früher besprochenen Gelübde und Fasten, um die Gunst der Geister zu erflehen, deshalb die Schutzmittel und Amulette gegen die bedrohlichen Angriffe der Dämonen, deshalb endlich das unbedenkliche Preisgeben der Gottheit, wenn deren Kraft bei irgendeiner schwierigen Probe versagt. Von irgendwelchem einheitlichen Aufbau der Götterwelt ist noch keine Rede, alles ist blinder Willkür überlassen. Diesen Gedanken einer göttlichen Besitzergreifung finden wir auch in dem besonders in Polynesien konsequent entwickelten Tabu wieder, vermöge dessen, wie früher schon erwähnt, beliebige Personen oder Gegenstände für das gewöhnliche Volk unnahbar gemacht werden und zwar durch den Priester oder Häuptling, was begreiflicherweise gelegentlich sehr mißbraucht werden kann. Auch hier ist es die göttliche Kraft, die irgend etwas heiligt und unverletzlich macht, aber auch nur (wenigstens gelegentlich) für eine gewisse Zeit; denn dies Tabu kann auch wieder fortgenommen werden. Diese Anschauung ist auch weiter verbreitet, so bei den Römern, wo das Wort sacrum dieselbe Bedeutung aufweist; wenn eine Vestalin einem Verbrecher begegnete, so wurde er durch diese, wenn auch imaginäre, Berührung frei, — die göttliche Kraft, das Tabu, ging auf ihn über. Die feriae der Römer sind ganz und gar aus diesem Gedankenkreis erwachsen; der flamen dialis, als Repräsentant der höchsten Gottheit, des Jupiter optimus maximus, genießt des Rufes einer ganz besonderen Heiligkeit. Ähnliche fetischhafte Vorstellungen lassen sich in dem gleichfalls schon be-

Unterste Stufen (Fetischismus, Schamanismus).

handelten Totemismus verfolgen, dem neben dem religiösen ein besonders ausgeprägt soziales Moment zukommt. Dieser Anschauung, die zuerst bei den Chippeway-Indianern im 18. Jahrhundert durch christliche Missionare festgelegt wurde, begegnen wir übrigens auch in Australien (doch lautet der Ausdruck: Kobong oder Wingong) und in Peru (hier spricht man von Paccarissa oder Pacarisca). Der Totem ist der offiziell verehrte Schutzgeist der Horde, er darf nur unter sühnenden Zeremonien gejagt werden, und sein Fleisch dient zu sakramentalen Feiern und Mahlzeiten. Wiederum ist für die Entstehung dieser ganzen Anschauung die animistische Vorstellung die wirksame Voraussetzung, daß Mensch und Tier unmittelbar wesensverwandt sind, und somit auch das Tier Träger und Repräsentant der Gottheit werden könne. Auch Ägypten mit seinem ausgebildeten Tierdienst liefert einen Beleg zu dieser Anschauung; eigentümlich ist es nur, daß hier je nach den einzelnen Bezirken (Nomen) die Verehrung der Tiere sich trennt. Wie das göttlich verehrte Tier die Stammesgottheit und der Ahnherr zugleich ist, so sind alle Stammesgenossen demzufolge blutsverwandtschaftlich zusammengehörig, und diese Vorstellung ist daher ein sehr wirksames Mittel zur Konsolidarität des betreffenden Verbandes. Auch verknüpft sich damit die Verehrung des betreffenden Tieres als eines Schutzgeistes, der heilig gehalten wird; auch mag dadurch, wie manche Schriftsteller meinen, die Zähmung der Tiere und ihre Verwendung im Hausdienste verursacht sein. Es ist wenigstens bezeichnend, daß gerade die hauptsächlichsten dieser späteren Hausgenossen des Menschen, so der Hund, das Pferd, Schaf und Rind ursprünglich Totems waren. Die Bedeutung aber des sakramentalen Mahles, das auf diesen niederen Gesittungsstufen schon konstatiert werden kann, ist nicht hoch genug anzuschlagen; zunächst beweist diese Institution das Bestehen eines, sei auch noch so schwachen, Kultus, einer gemeinschaftlichen Gottesverehrung. Selbst den Totems gegenüber, deren Fleisch durchweg als tabu galt, gab es doch bestimmte Zeiten und Feste im Jahr, wo gerade der Genuß dieses Fleisches für alle Stammesgenossen religiöses Gebot war. Sodann macht sich der uralte Glaube an die in gewissen Körperteilen besonders wirksame Seele hierbei geltend, Herz, Gehirn und Nieren sind bevorzugte Bestandteile, da man durch sie die seelischen Kräfte unmittelbar in sich aufnimmt. Erst später traten an die Stelle dieses ursprünglich blutigen Ernstes mehr oder minder harmlose Surrogate und Symbole, — dahin gehört z. B. auch das Anspritzen der Fetischbalken und Pfosten mit Blut. Endlich offenbart sich uns hier die Wurzel der überall verbreiteten Mystik, indem dies Mahl auf dem Wunsch nach der unmittelbaren Vereinigung des Menschen mit der Gottheit beruht. Es zeigt sich wiederum, wie tief in die Anfänge menschlicher Gesittung hinein sich religiöse Empfindungen verfolgen lassen.

Nicht viel höher steht der Schamanismus (das Wort ist eine Verstümmelung vom buddhistischen Cramana=Büßer), obwohl hier eine gewisse Stabilitätsordnung eingetreten ist. Denn hier haben wir es wenigstens mit festen, bestimmten Göttern zu tun, die eben nicht jeden Augenblick wieder in das

Nichts verschwinden können, aus dem sie emporgetaucht sind; sie bewohnen eine andere, übersinnliche Welt, zu der nur dem Priester der Zutritt offensteht. Sie genießen somit eine gleichsam offiziell anerkannte Geltung, sie sind der sinnlichen Wahrnehmung entzogen und wohnen nicht irgendeinem Naturgegenstand inne. Um so vielseitiger und wirksamer ist das oben geschilderte Auftreten des Zauberpriesters, der durch seine Künste, Gebet, Tanz, Opfer die Gottheit den Wünschen des Menschen geneigt machen kann; ja, sie vermag geradezu durch diesen Druck zur Einhaltung der Versprechungen gezwungen zu werden, so daß, wie wir früher sahen, ein Vertragsverhältnis vorliegt. Es handelt sich um Vertreibung böser Geister bei Krankheit und Todesfällen — der Schamane begleitet auch wohl die Seele in das Totenreich —, um die Beschwörung der Dämonen, die Mißwachs und Dürre bringen, um die Enträtselung der dunklen Zukunft durch die Mantik, wie sie besonders bei den Babyloniern blühte —, Träume und die Beobachtungen der Gestirne lieferten dazu das Material —, um den Totenkult usw. Vielfach finden wir hier schon wenigstens die vielversprechenden Ansätze zum späteren Polytheismus, wie sich denn die Grenzen überhaupt nicht absolut scharf ziehen lassen, so z. B. bei den Finnen, wo bereits eine bunte Vielheit der verschiedensten Gottheiten hervortritt. Daß der Zauberer einen gewissen Druck auf die Gottheit auszuüben vermag, ist ein leitender Gedanke, aber es ist bemerkenswert, daß man vielfach des Glaubens ist, zum Sitz der höchsten Gottheit könne er selbst in der stärksten Ekstase nicht durchdringen.

Peschel nennt diese Annahme einen vergiftenden Wahn, dem alle Völker erlegen sind; wenige haben ihn völlig abgestreift, er treibt sein Spiel noch in Amerika, in Sibirien, im buddhistischen Asien, im brahmanischen Indien, als Amulett bei den Mohammedanern, im Gottesgericht und im Regenzauber bei den Afrikanern, als Nahahspuk bei den Papuanern (Völkerkunde, S. 283).

§ 10. Höhere Stufen (Polytheismus, entwickeltere Naturreligionen).

Befreit sich der Mensch nun allmählich von dem ursprünglichen Geister- und Dämonenglauben, so gewinnt auch damit das anfänglich zerfahrene Bild der Mythologie und Religion festere Züge; es bilden sich einzelne hervorragendere Gottheiten heraus (besonders ist der Einfluß des seßhaften Lebens wichtig), die zu Mittelpunkten der Verehrung werden und dann weitere Kreise als die anfängliche Haus- oder Stammesgenossenschaft in Mitleidenschaft ziehen. Die frühere ausschließliche Naturbeziehung macht dem sozialen Moment Platz, die Sorge um rein menschliche Bedürfnisse des gemeinschaftlichen Lebens tritt in den Vordergrund, und deshalb ist es durchaus kein Zufall, wenn das Vorbild der menschlichen Familie hier einen symbolischen Reflex findet. Selbst Verwandtschaftssysteme lassen sich in ihrer charakteristischen Eigenart beobachten; an der Spitze mancher Götterdynastien stehen Urmütter, wie die ägyptische Hathor, die westasiatische Istar oder Astarte, die als Magna Dea später nach dem duldsamen Rom verpflanzt wurde, die argivische Hera, die ephesische Artemis, die große Demeter usw. — überall liegen hier sichtlich matriarchalische

Grundvorstellungen vor. Umgekehrt macht sich der patriarchalische Typus bemerkbar, beim griechischen Zeus, beim römischen Jupiter, beim finnisch-ugrischen Ukko, dem höchsten Himmelsgott, der angerufen wird, wenn die Hilfe der anderen Götter versagt:

> Ukko, du, o Gott dort oben!
> Ukko, komm, du wirst gerufen,
> Ukko, komm, du bist jetzt nötig;

oder wenn es sich um den ersehnten Regen handelt:

> Ukko, du, o Gott dort oben,
> Du, o Vater, in dem Himmel,
> Der du in den Wolken waltest
> Und die Wölklein alle lenkest,
> Halte Rat du in der Wolke,
> Guten Rat du in den Lüften.
> Schick aus Osten eine Wolke,
> Laß aus Nordost sie erscheinen.
> Sende andre her aus Westen,
> Schneller welche aus dem Süden,
> Sende Regen von dem Himmel,
> Laß die Wolken Honig träufeln,
> Daß die Saaten munter rauchen.

Dieser Ukko rückte, wie gesagt, in den Vordergrund, je mehr sich der eigentliche Himmelsgott Jumala verflüchtigte; er hat übrigens sein weibliches Gegenbild in Akka, ursprünglich wahrscheinlich eine Erdgöttin. Dieser Zug wiederholt sich in äußerst vielen Mythologien, so z. B. bei den Zulus, deren oberster Gott Unkulunkulu fast als unerreichbar gilt, so daß man sich nur in den äußersten Fällen an ihn wendet; für gewöhnlich helfen niedere Geister aus. Vielfach läßt sich die allmähliche Verbreitung eines ursprünglich engbeschränkten Kultus nach-

152 Allg. Formen in der Entwicklung der Religion.

weisen, so besonders anschaulich in Ägypten, wo fast jeder einzelne Bezirk seine bestimmte Gottheit besaß, so Ptah in Memphis, Anum-Rê in Theben, Chnum in Elephantine und Mendes, Neïth in Sais, Osiris in Buriris, Horos in Tanis, Thot in Hermopolis usw. Ursprünglich hatte somit jeder Gau nur eine Hauptgottheit gegenüber manchen untergeordneten Gestalten, und allmählich mit der Aufgabe der früheren Selbständigkeit trat eine gewisse Amalgamierung ein. Aus der naiven Naturvergötterung gestaltete die Religion der Priester späterhin einen umfassenden Pantheismus, so daß alle naturalistischen Züge ausgemerzt wurden. Ähnlich ist die Entwicklung des israelitischen Jahve, des indischen Feuergottes Agni, des babylonischen Marduk, des griechischen Zeus oder des römischen Jupiter. Marduk hat den von allen anderen Göttern zurückgewiesenen Kampf mit dem chaotischen Ungeheuer Tiamat aufgenommen und siegreich bestanden, alle anderen Götter huldigen ihm mit den Worten: Du bist der Höchstgeehrte unter den Göttern, dein Regiment ist ohnegleichen, fest wie die Rede deines Mundes, unwidersetzlich dein Wort, niemand unter den Göttern soll deinen Bereich überschreiten, Marduk, du unser Rächer, dein sei das Königtum über das ganze All, dein Regiment. o Herr, habe den Vorrang unter den Göttern. Ebenso versinnbildlicht der griechische Zeus vortrefflich jenen wachsenden monotheistischen Zug bei aller Buntheit des olympischen Götterhimmels. Obschon er dem unerbittlichen Schicksal gegenüber machtlos ist (er kann den Spruch derselben nur verzögern, nicht vereiteln), obwohl er launenhaft und sinnlich veranlagt ist, so

Höhere Stufen (Polytheismus usw.).

verrät er andererseits doch große und gelegentlich erhabene Züge. Aber weil das sittliche Bewußtsein noch wenig gereift ist, so vermengt das naive Empfinden, dem die inneren Widersprüche noch nicht aufgegangen sind, arglos Allzumenschliches mit Göttlichem, bis ein schärferes Nachdenken den Stein des Anstoßes bloßlegt. Insofern trägt jede Mythologie den Keim des späteren Zerfalles in sich, und der verhängnisvolle Ruf: Der große Pan ist tot, erschallt unwiderruflich früh oder später auf diesem Gebiete. Namentlich ist das erotische Moment in all seinen Verzweigungen späteren Generationen anstößig, gerade hiergegen richteten sich die Pfeile der griechischen Denker, namentlich des Xenophanes. Der Anthropomorphismus richtet sich schließlich selbst zugrunde, da er mit dem geistigen und sittlichen Wachstum anderer Zeiten nicht gleichen Schritt zu halten vermag. Immerhin lassen sich doch zwei charakteristische Züge beobachten, die eine erfreuliche Umwandlung verraten; einmal ist es die allmähliche Betonung geistiger Fähigkeiten, besonders der Klugheit und Einsicht der vordem einseitigen Wertschätzung der körperlichen Kraft. In allen Mythologien wird der entscheidende Sieg letzten Endes nicht durch das Übergewicht äußerer Leistungen errungen, sondern durch besonnene Klugheit und List, so Zeus gegenüber den noch halbtierischen Giganten, Odhin gegen die Riesen, der babylonische Bel und noch mehr der barmherzige Schöpfer Êa gegen die Tiâmat. Ja, wenn die neue Weltordnung schon einigermaßen begründet ist, wissen die physisch schwächeren, aber geistig überlegenen neuen Götter bei drohenden Gefahren gewöhnlich Rat und Aushilfe, so der germanische Loki. Zweitens stellen sich bei den religiösen Idealen allmählich auch gewisse sittliche Anforderungen heraus; bei aller Naivität des homerischen Sängers, mit der er unbefangen das Leben und Treiben der Olympier schildert, ist er doch wieder aufrichtig bemüht, Zeus als den obersten Gott, der Recht und Gerechtigkeit vertritt, den Schützer der Frommen und Gottesfürchtigen, den Hüter des Eides und der Gastfreundschaft, den höchsten Lenker der Welt hinzustellen, dem auch gewisse erhabene Züge, so der (freilich nicht unbegrenzten) Allmacht und Allwissenheit, nicht fehlen. Der uralte natürliche Gegensatz zwischen Nacht, Dunkelheit, Dürre, Tod und Licht, Tag, Fruchtbarkeit und Leben überträgt sich von selbst auf das sittliche Leben, am schärfsten und folgerichtigsten bei den Eraniern, deren genialen Religionsstifter Zoroaster wir schon einer höhern Stufe zuweisen müssen. Aber auch bei den Naturvölkern, wenn sie wenigstens über die ersten dürftigen Anfänge hinweg sind, treffen wir gelegentlich höhere Anschauungen, so z. B. bei den alten Peruanern. Ihr höchster Gott Viracocha wird streng monotheistisch verehrt, die Inkas duldeten keine Bildsäulen dieses Gottes, und die an ihn gerichteten Gebete zeigen eine Reinheit der Anschauung, daß man öfter an christliche Einflüsse gedacht hat (was aber von berufenen Beurteilern, wie z. B. von Brinton, in Abrede gestellt wird). Folgendes Gebet mag hier angeführt sein:

> O Viracocha, immer gegenwärtig, o Viracocha, Ursache von allem, Viracocha der Helfer, der unermüdliche Schöpfer, Viracocha, der du alles anfangen läßt, der du ermutigst,

Viracocha, du immer Glücklicher, Viracocha, immer nahe, höre auf unser Gebet, sende deinem Volk Gesundheit und Wohlfahrt.

Andere Bezeichnungen sind:

Du, welcher alles vollendet, oder der wahrhaft Eine, oder der, welcher alles überwacht, oder der Erzieher der Welt, der die Herrschaft über alle Dinge besitzt u. a. (vgl. Brinton, The Myths of the New World, p. 210 ff.).

Überhaupt sind alle Lichtgottheiten zugleich segenbringend und ethisch förderlich (die Stufe des Ackerbaues spielt hier mit hinein), sie sind im Bunde mit den eigentlichen Halbgöttern die wahren Kulturträger, die Bringer neuer Gesittung, während umgekehrt die Götter der finsteren Unterwelt nicht mehr geehrt werden, als es im Interesse der eigenen Sicherheit vor feindlichen Dämonen erforderlich ist. Osiris, Hel, Hades, der finnische Mana, der polynesische Maui, der tonganische Hikuteo u. a. sind sämtlich Herrscher in einem Totenreich, aus dem kein neues Leben erblüht, falls wenigstens nicht besondere ethische Ideen diese Vorstellung befruchten. Der Gedanke einer sittlichen Vergeltung und Zurechnung bildet sich allem Anschein nach erst verhältnismäßig spät aus.

§ 11. Schlußbetrachtung.

Wir haben schon gelegentlich bemerkt, daß für unsere Darstellung der sozialpsychologische Standpunkt der Völkerkunde maßgebend ist, die Kultus, Mythologie und die eigentlichen religiösen Vorstellungen als ein unzertrennliches organisches Ganze ansieht, als ein naturnotwendiges Ergebnis der Entwicklung. Davon zu unterscheiden ist nach unserer Meinung, obwohl durchaus vereinbar, die psychologische Erwägung, aus welchen Motiven und ursprünglichen individuellen Regungen der menschlichen Seele die Religion abzuleiten sei. Nur in einem knappen Überblick möchten wir zum Schluß noch jene Abhängigkeit der Religion von dem jeweiligen Stande der Gesittung veranschaulichen, schon um dadurch anzudeuten, daß wir die Religion als einen wichtigen Bestandteil der allgemeinen Kultur betrachten, nicht, wie eine einseitige naturwissenschaftliche Auffassung unserer Tage will, als einen Hemmschuh und als eine drückende Fessel für den geistigen Fortschritt.

Je mehr wir uns den freilich im einzelnen schwer genau bestimmbaren Anfängen der menschlichen Gesittung nähern, um so mehr erscheint die Religion als der lebenspendende Mittelpunkt des ganzen Getriebes. Sitte, Recht, Handel, Gewerbe, die schüchternen Ansätze von Kunst und Wissenschaft erscheinen ungezwungen im Lichte religiöser Auffassung, selbst die gewöhnliche Arbeit, Essen und Trinken wird mit in den Bereich des Kultus gezogen. Das gesamte Leben des Menschen, von der Geburt an bis zum Tode, mit allen vielleicht an und für sich bedeutungslosen Einzelheiten untersteht religiösen Riten und dämonologischen oder wenigstens animististischen Anschauungen; die ganze Stammesgenossenschaft ruht in ihrem Bestande auf religiösen Veranstaltungen und Vorstellungen, — man denke nur z. B. an den Totemismus oder an den Ahnenkult. Von einschneidender Wichtigkeit ist die Einführung des Ackerbaues, die stets als ein bedeutsames kulturgeschichtliches Ereignis in den Mythologien gefeiert wird. Noch bis in unsere Tage hinein bewahren wir gewisse, vielfach mißdeutete Überlebsel, die sich nur erklären lassen auf Grund uralter Mysterien und Vorstellungen, die sexuelle Fruchtbarkeit und das Gedeihen der Saaten als Gaben göttlicher Fürsorge betrachten. Selbst für das völlig rationalistische, nüchterne Reich der Mitte war das bestimmt vorgeschriebene Führen des Pfluges durch den Kaiser eine gottesdienstliche Handlung. Damit hängt wiederum die Zerlegung des Kommunalbesitzes in den Privatbesitz zusammen, wie es unter anderen die so praktisch veranlagte römische Mythologie veranschaulicht. Die ganze politische Gewalt entlehnt ihre Zucht und Weihe aus religiösen Gefühlen; die Häuptlinge und Könige sind Stellvertreter der Gottheit, mit übernatürlichen Fähigkeiten ausgerüstet, daher in ihrem Wissen unfehlbar, deshalb sind sie auch vielfach Zauberer und Priesterärzte zugleich, als unmittelbare Abkömmlinge des Gottes, — die weitere Stufenleiter stellt das Heroentum dar, das gleichfalls seinen leuchtenden Glanz der Religion verdankt. Die Propheten, die Gesalbten Gottes, sind ebenso Stifter neuer Ordnungen und Einrichtungen, wobei somit der religiöse Zusammenhang unverkennbar ist. Ursprünglich ist auch alle Sittlichkeit ein Ausfluß religiöser Satzung; erst sehr allmählich verliert sich diese Abhängigkeit, so daß ethische Anforderungen in ihrer Selbständigkeit die religiösen Ideale beherrschen oder wenigstens beeinflussen. Es bedarf keiner besonderen Hervorhebung, daß zufolge jener Vorherrschaft des religiösen Moments die Priesterschaft stets in der Lage war, je nach ihrer Willkür dies für ihre Sonderzwecke auszubeuten. Auch die Kunst, sowohl die Plastik als auch besonders die Poesie, beruht auf religiösen Quellen; die ältesten Dichtungen sind meist Hymnen an die Götter oder kurze Gesänge; dasselbe gilt für die Musik und namentlich für den Tanz, dessen eigentliche Bedeutung wir völlig vergessen haben. Es ist charakteristisch, daß manche Naturvölker bei einem zum Christentum Bekehrten sagen: Er tanzt nicht mehr. Auch das Drama hat sich, wie u. a. die griechische Tragödie lehrt oder die mittelalterlichen Fastnachtspiele, aus geweihtem Boden abgelöst. Die griechische Plastik hat sich von ihren Anfängen an bis zu ihrem leuchtenden Höhepunkt hin in mehr oder minder naher Fühlung mit dem Kultus entwickelt. Auch die Wissenschaft, so fremd und feindlich sie jetzt und auch in früheren Jahrhunderten dem Glauben gegenüberstand, vermag diesen ursprünglichen Zusammenhang nicht zu verleugnen. Am offenkundigsten tritt das bei der Astrologie, der Mutter der späteren Astronomie, hervor; überhaupt sind stets die Priester die ersten Hüter wissenschaftlicher und technischer Kenntnisse und Fertigkeiten gewesen, — man denke an die Medizinmänner und Schamanen oder andererseits an die römischen pontifices. Die Schrift ist durchweg aus religiösen Zeichenbildern entstanden, das geläufigste Beispiel ist für uns die ägyptische Hieroglyphe; aus der Theologie, aus den priesterlichen Spekulationen über die Götter, ihre Entstehung und ihr Verhältnis zu den Menschen erwuchs mit den anfänglichen Kosmogonien, wie wir sie selten tiefsinnig z. B. bei den Polynesiern und besonders bei den Hawaiern finden, die Philosophie, die Sokrates nach den Wort Ciceros vom Himmel auf die Erde herabrief. Immer und immer wieder taucht aus dem fast unübersehbaren Chaos der Naturreligionen die brennende Frage nach einem höchsten Wesen auf, die auch verhältnismäßig tiefstehende Stämme beunruhigt, so in Afrika oder Australien. Bis auf den heutigen Tag ist dieser enge Zusammenhang durch die Beziehung zwischen der Religionsphilosophie zur Metaphysik gekennzeichnet. Die Gottesidee ist einerseits der Brennpunkt und Höhepunkt im geistigen Schaffen eines bestimmten Zeitalters oder Volkes, und andererseits beeinflußt sie demgemäß auch dasselbe nach allen Richtungen. Das läßt sich z. B. sehr anschaulich an der Entwicklung des jüdischen Monotheismus verfolgen; die religiösen Denker und Propheten in Israel haben, vielfach im Widerspruch mit ihren Stammesgenossen, ihre Ideale begründet und damit für die folgenden Perioden der heimischen Religionsgeschichte die Wege geebnet. Nicht minder ist die religiöse Entwicklung für Indien und Ägypten entscheidend gewesen, — man denke nur an das Kastensystem, das beiden Ländern seinen besonderen Stempel aufgedrückt hat, an die hervorragendsten Leistungen der priesterlichen Spekulation, an den tiefgreifenden Einfluß, den dort Theologie und Kirche auf das ganze geistige Leben ausgeübt haben. Während in der russisch-orthodoxen Kirche der Zar seit Peter dem Großen die geistliche und weltliche Gewalt in seiner Person vereinigte, was der römisch-katholische Papst vergeblich anstrebt, ging anderwärts der Zug der Zeit nach einer möglichst scharfen Trennung beider Mächte, so in den Vereinigten Staaten Nordamerikas, neuerdings auch in Frankreich. Auf der anderen Seite ist das Bedürfnis noch immer weit verbreitet, sittliche und soziale Gebote durch kirchliche Autorität schützen und stützen zu wollen — offenbar eine gewisse Rückständigkeit. Am unverkennbarsten tritt die Abhängigkeit der Religion von dem jeweiligen geistigen Niveau darin hervor, daß sich die religiösen Vorstellungen nach den allgemeinen intellektuellen Fortschritten richten; das zeigt schon ein flüchtiger Blick auf die Entwicklungsstufen der Mythologie bei den Naturvölkern. Mit der Erweiterung des Horizonts läßt sich die frühere naive Naturverehrung, die Anbetung der großen elementaren Mächte nicht mehr vereinigen, der farbenreiche Mythus verblaßt mit der wachsenden Einsicht in den Naturlauf, in die unumstößlichen Naturgesetze, und die mechanische Weltanschauung entthront allmählich die vordem allmächtigen polytheistischen Gottheiten. Mit dieser unvermeidlichen Loslösung der Religion aus dem allgemeinen Kulturniveau beginnt deshalb auch der mehr oder minder scharfe Kampf zwischen beiden Faktoren, der sich bis zur unmittelbaren Gegenwart verfolgen läßt. Die Mission, insbesondere die christliche, ist unzweifelhaft bei allen Fehlgriffen und Irrtümern als Ganzes betrachtet doch eine Kulturtat ersten Ranges, das wird schwerlich mit Grund bestritten werden können. Die Glaubensboten, die die frohe Botschaft fremden ungesitteten Völkern verkündeten, brachten zugleich die Segnungen höherer Bildung mit, beseitigten die vielfachen grauenvollen Satzungen einer kulturfeindlichen Religion und befruchteten so den jungfräulichen Boden mit hoffnungsvollen Keimen. Wenn öfter weniger widerstandsfähige Stämme unter der Einwirkung dieser neuen Impulse erlagen, so war daran nicht so sehr das Christentum als solches schuld, sondern die damit freilich unvermeidlich zusammenhängende Rassenfrage. Andererseits hat die Kirche (nicht nach dem Vorgange Voltaires zu verwechseln mit der Religion) nicht selten die Freiheit wissenschaftlicher Forschung gehemmt und auf alle Weise bekämpft. Die für die moderne Weltanschauung völlig unmögliche Dreiteilung der Welt in Himmel, Erde und Hölle (dies durch die Kirche geheiligte Erbstück der Antike), die Zurückführung der Krankheiten auf dämonischen Zauber und Spuk, die Ausrottung Andersgläubiger, überhaupt der Fanatismus in Glaubenssachen und die so verderbliche Verquickung religiöser Vorstellungen mit der Politik u. a. sind beklagenswerte Rückständigkeiten einer einseitig dogmatischen Auffassung. Auch das allgemeine Humanitätsideal hat sich nur unter Widerspruch der ausgeprägten Orthodoxie Bahn brechen können, es hat seine eigentliche Prägung erst in der aller Hierarchie abgewandten Philosophie erhalten. Und trotzdem ist ohne alle Frage das Gebot der allgemeinen Menschenliebe ein spezifisch christliches und damit ein religiöses, so oft dasselbe auch verzerrt und verunstaltet sein mag, und zwar bedauerlicherweise gerade von den Dienern unseres Bekenntnisses. Deshalb halten wir unbedenklich an der grundsätzlichen Einigung und dem harmonischen Einklang zwischen Religion und Kultur fest; nur

162 Allg. Formen in der Entwicklung der Religion.

dann, wenn die klar gezeichneten Grenzen zwischen beiden Gebieten willkürlich überschritten werden, wenn die Religion oder, besser gesagt, die Kirche im Dogma den freien Flug der Wissenschaft zu hemmen sucht, und wenn umgekehrt eine angeblich unbefangene, freie, von allen Vorurteilen losgelöste Forschung das tiefste religiöse Sehnen des Menschen als kindisch und rückständig hinstellt, entsteht der traurige „Kulturkampf", der Streit zwischen Glauben und Wissen, der auch die Stufen höherer Gesittung nicht zur vollen, organischen Blüte gelangen läßt.

Sachregister.

Aberglaube 6, 53, 148.
Abgötterei 145.
Ackerbau 74, 77, 84, 155.
Agni 70, 75.
Ahnenkult 22, 24, 74, 86, 156.
Allbeseelung (s. auch Animismus) 145.
Allerseelenfest 20, 107.
Allmacht 10.
Amulett 57, 121, 144.
Animismus 82.
Anthropomorphismus 140, 153.
Aréoi (Orden) 96.
Askese 65.

Auferstehung 25, 59.
Autorität 60, 74, 92, 160.
Avesta (Zendav.) 52.
Azteken 77, 93, 95.

Baumkultus 72, 82.
Besessenheit 22, 43, 52, 58.
Bestattung 103 ff., 131, 132.
Blut 20, 95.
Böses 14, 16, 17, 56, 81, 116, 122.
Bücher, heilige 61.
Buddhismus 24, 92, 101, 125, 185.
Buße (Büßung) 99.

Christentum 22, 24, 52, 59, 63, 65, 78, 134, 158, 161.
Christus 49, 54.

Dämonen 8, 19, 23, 85, 43, 52, 54, 80, 81, 85, 115, 144, 149.
Diesseits 28, 128.
Dualismus 13, 17, 51, 81, 127.

Eheschließung 117 ff.
Ehrfurcht 18.
Einigung (mit Gott) 34, 48, 102, 108, 118.

Sachregister.

Ekstase 28, 43, 46, 48, 101, 118.
Entwicklungsstufen der Religion 136 ff.
Erde 68, 70, 76, 97.
Erlöser 24.
Erlösung 59, 61, 64, 91, 101, 107.
Exorzisation (Austreibung) 54, 121.

Fasten 35, 43, 98, 99, 100, 133.
Feste 75, 108, 116, 129, 135.
Fetisch 26, 98, 112.
Fetischismus 8, 51, 142 ff.
Feuerverehrung 75.
Finsternis 10, 13.
Frömmigkeit 138.
Furcht 26, 106, 132.

Gautama 38, 101.
Gebet 56, 87 ff., 102, 116, 117, 149.
Gebetsheilung 56.
Geburt 17, 77, 98, 108, 109 ff.
Geheimbünde 84, 127 ff.
Geisterverehrung (-glauben) 85, 104.
Gelübde 92.
Gericht 17.
Gespenster 82.
Gestirndienst 84.
Glaube 62, 85, 137, 148.
Gott (Gottheit) 8, 12, 14 ff., 48, 52, 70, 78, 101.
Gottesidee (-Begriff) 19.
Gottesvorstellung 8 ff., 11.
Grab 22, 23.

Halbgott (Heroe) 24, 34, 62, 69, 78.
Halluzination 28, 38, 46, 53, 101, 113.
Häuptling 24, 30, 67, 74, 84, 104, 134, 146.
Heiliger 78.
Heilung 103.
Herz 135, 148.

Hexen 27, 81.
Hexenschuß 68.
Himmel 29, 51, 59, 68, 70, 74, 100.
Himmelsgott 16, 151.
Hölle (s. auch Unterwelt) 29, 31, 100.
Höllenfahrt 30.
Homa 83, 97.
Honover 56.
Hymnen 91.

Ideale 48, 61, 64, 140.
Inkarnation (Verkörperung) 49, 73, 124.
Inkarnationslehre 27, 77.
Inkubation 102.
Inseln der Seligen 31.
Inspiration 50.
Islam 43, 92, 103.

Kannibalismus (s. auch Menschenopfer) 131.
Kaste (Priester) 117, 124, 159.
Kasteiung (s. auch Askese) 43, 99
Kirche 80, 98, 108, 134 ff., 159, 161.
Konfuzius 78.
Kosmogonie 72, 124.
Krankheit 18, 21, 25, 54, 79, 91, 97, 103, 108, 114, 119, 127, 145, 161.
Kultur und Religion 6, 156, 161.
Kulturheros 34.
Kultus 20, 82 ff., 116, 155, 156.
Kunst 141, 156, 158.

Leben 20, 133, 154, 159.
Licht 18, 19, 154.
Liebe 64, 161.
Logos 77.

Magie (s auch Zauberei) 51.
Mahl (sakramentales) 93 ff., 98, 104, 107, 148.
Mana 144.
Manitu 129.
Masken 115, 116, 127 ff.
Medizinmann 15, 58.

Menschenopfer (s. auch Kannibalismus) 47, 98, 95.
Mission 143, 160.
Mittler 35, 49.
Mysterien 15, 34.
Mystik 48, 65, 142.
Mystiker 48, 49.
Mythologie 67, 73, 84, 150, 153, 155, 160.
Mythus 65 ff., 160.

Nacht 10, 31, 70, 154.
Namengebung 25, 78.
Natur 73.
Naturbeseelung 25.
Naturmensch 11, 13, 16, 20, 22, 28, 36, 73, 132, 139, 140, 146.
Naturreligion 6, 50.
Naturzustand 140.
Nirwana 28, 65, 101.

Oberwelt 17, 28, 31.
Offenbarung 35 ff., 48, 50, 51, 64, 134.
Opfer 16, 72, 79, 84, 87, 92 ff., 96, 122, 141, 149.
Orakel 102.
Orden 125, 128, 130.
Orthodoxie 64, 161.

Pantheismus 152.
Paradies 18, 32.
Parsismus 17, 75.
Polytheismus 150 ff.
Priester 23, 34, 51, 75, 92, 94, 117, 118 ff., 126, 146.
Prophet 49, 50, 51.
Pubertätsweihen (oder Knabenweihen) 43, 111, 128, 132.

Quissilles 40.

Religion, Begriff ders. 136 ff.
— Bestandteile 8 ff.
— Entwicklung 81, 87, 136 ff., 141, 142.
— Formen 142 ff.
— Ursprung 140 ff.
— u. Sittlichkeit 138 ff.

11*

Religionsstifter 52, 59, 65, 78.
Repräsentant (Vertreter) 60, 123, 147.
Riten 91, 135.
Schamane 21, 102, 158.
Schamanismus 124, 148 ff.
Schlange 26, 87.
Schrift 134.
Schutzgeist 20, 27, 79, 85, 109, 111, 144.
Schutzheiliger (s. auch Manitu) 129.
Seele 17, 22, 106.
Seelenbegriff 19 ff.
Seelenwanderung 24 ff.
Sittlichkeit 140.
Sonnenhelden 76 ff.
Stammesgottheit 24, 86, 147.
Stand 86.
Steinverehrung 84.
Stern 67.
Suggestion 55, 58, 119.
Sühne 106.
Sünde 16, 63, 64.
Symbol 66, 76, 93, 104, 139, 145.
Sympathie 18, 74.

Tabak 97.
Tabu 92, 104, 129, 132, 146.
Tanz 45, 47, 85, 94, 100, 102, 113 ff., 149.
Tempelschlaf 102 ff.
Theogonie 124.
Theokratie 134.
Tierdienst(kultus) 84, 147.
Tod 16, 18, 20, 21, 31, 54, 79, 104, 119.
Totem 73, 93, 147, 148.
Totemismus 15, 26, 27, 156.
Totenfeste 131.
Totengericht 17.
Toteninsel 80.
Totenkultus 130, 149.
Totenmahlzeiten 24, 107.
Totenopfer 21, 106.
Totenreich (s. auch Unterwelt) 28, 31, 149, 155.
Traum 20, 85, 102 149.
Überlebsel 19, 110, 142.
Unendlichkeitsgefühl 138.
Unterwelt 9, 24, 29, 32, 67, 76, 81.

Vampir 27, 80.
Verehrung (s. auch Kultus) 26, 86, 140 ff., 145.
Vergeltung 25, 81.
Verwandtschaft 150.
Vision 20, 27, 88, 42, 101, 123.
Wahnsinn 46, 101.
Wahrsagung (od. Mantik) 122, 149.
Weltordnung 62.
Weltschöpfer 9, 19, 69, 72.
Wiedergeburt 24 ff., 34, 49, 61, 68, 111, 113, 129.
Wort, heiliges (heilkräftiges) 56, 90 ff.
Wunder 18, 85 ff., 52, 54, 79
Zauberei 21, 53, 55, 78 97, 100, 117, 127, 149.
Zauberpriester 58, 123 149.
Zeremonie 15, 23, 86, 107, 115. 118, 147.
Zoroaster 13, 17, 47, 56, 71, 75, 81, 87, 154.
Zukünftiges Leben 28 ff.
Zweites Gesicht 41.

Ebenfalls im SEVERUS Verlag in der Reihe *ReligioSus* erhältlich:

Paul Kalkoff
Ulrich von Hutten und die Reformation
Eine kritische Geschichte seiner wichtigsten Lebenszeit und der Entscheidungsjahre der Reformation (1517 - 1523)

Herausgegeben und mit einem Vorwort versehen von Christiane Beetz

Reihe ReligioSus, Band I

SEVERUS 2010 / 624 S. / 49,50 Euro
ISBN 978-3-942382-52-6

Ulrich von Hutten, Zeitgenosse Martin Luthers, hat die frühen Jahre der Reformation bedeutend mitgeprägt. Die von ihm geübte Kritik an der Kirche und an den Landesfürsten nahm die Mißstände der Zeit auf; sein politisches Engagement betrieb er ohne Rücksicht auf sein eigenes Schicksal. Bis heute ist die Einordnung seiner Schriften auf Grund seiner kontroversen Persönlichkeit umstritten.

Der Reformationshistoriker Paul Kalkoff zeigt mit dem vorliegenden Band den Einfluß Huttens auf zeitgenössische Theologen und Schriftsteller auf und setzt sich kritisch mit den Beurteilungen anderer Historiker auseinander. Auf diese Weise gelingt ihm ein wichtiges Zeitdokument zur Person Ulrich von Huttens.

„Ulrich von Hutten und die Reformation" von Paul Kalkoff ist der erste Band der Reihe ReligioSus, die vergessene Werke, die sich auf unterschiedlichste Weise mit dem Phänomen Religion und deren Beeinflussung unserer Wertvorstellungen beschäftigen, wieder zugänglich machen möchte.

www.severus-verlag.de

Ebenfalls im SEVERUS Verlag in der *Reihe ReligioSus* erhältlich:

Manfred Köhler
Melanchthon und der Islam
Ein Beitrag zur Klärung des Verhältnisses zwischen Christentum und Fremdreligionen in der Reformationszeit

Herausgegeben und mit einem Vorwort versehen von Christiane Beetz

Reihe ReligioSus, Band II

SEVERUS 2010 / 176 S. / 29,50 Euro
ISBN 978-3-942382-89-2

Philipp Melanchthon (1497-1569) war humanistischer Gelehrter, Theologe und wichtiger Weggefährte Luthers. Der vorliegenden Band der Reihe ReligioSus wendet sich diesem großen Reformator zu und richtet die Aufmerksamkeit dabei nicht auf seine Auseinandersetzung mit der eigenen Glaubenstradition, sondern auf sein Verhältnis zu einer anderen Religion, dem Islam.

Manfred Köhler vermittelt einen Einblick in Melanchthons Verständnis des muslimischen Glaubens und seine unversöhnliche Kritik an der fremden Religion. Zugleich versucht er, diese feindselige Haltung zu ergründen und Melanchthons aus bestimmten theologischen Traditionen, unzureichendem Fachwissen und nicht zuletzt auch aus patriotischen Motiven gewachsene Haltung zu erklären. Die vorliegende Arbeit führt so erneut vor, dass auch große Gelehrte nicht vor politischen Verstrickungen gefeit sind.

www.severus-verlag.de

Ebenfalls im SEVERUS Verlag in der *Reihe ReligioSus* erhältlich:

Richard Zoozmann
Hans Sachs und die Reformation – in Gedichten und Prosastücken

Herausgegeben und mit einem Vorwort versehen von Christiane Beetz

Reihe ReligioSus, Band III

SEVERUS 2010 / 200 S. / 29,50 Euro
ISBN 978-3-942382-82-3

„Viel ist über ihn gesagt und geschrieben worden, und dennoch ist dieser merkwürdige Mann mehr genannt als gekannt."

Hans Sachs gilt als der beste Meistersänger seiner Zeit. Von manchen beneidet, von vielen verehrt, überdauerte sein Werk die Jahrhunderte und lässt auch heute noch seinen Ruhm ihm vorausgehen. Der große Einfluss seines Schaffens bemisst sich nicht allein an Reaktionen folgender Generationen, wo Größen wie Goethe, Lessing, Heine, Schlegel, Herder und viele andere sein Werk immer wieder besonders hervorheben.

In vorliegendem Werk, welches 1904 das erste Mal herausgegeben wurde, wirft Richard Zoozmann einen kompetenten und persönlichen Blick auf Leben und Wirken des großen Nürnbergers. Dabei interessiert Zoozmann vor allem der Einfluss von Sachs' lutherischer Grundeinstellung auf sein Schaffen, hatten doch schließlich allein 2000 der 4300 veröffentlichten Meisterlieder religiösen Inhalt. Das Ergebnis ist eine schöne Zusammenstellung aus Werken von Hans Sachs, die mit Hintergrundwissen und Anekdoten unterhaltsam und informativ aufbereitet ist.

www.severus-verlag.de

Ebenfalls im SEVERUS Verlag in der *Reihe ReligioSus* erhältlich:

Paul Dahlke
Buddhismus als Religion und Moral

Herausgegeben und mit einem Vorwort versehen von Christiane Beetz

Reihe ReligioSus, Band IV

SEVERUS 2010 / 176 S. / 29,50 Euro
ISBN 978-3-86347-014-2

In diesem vierten Band der Reihe ReligioSus beschäftigt sich Paul Dahlke, der Pionier der Buddhismus in Deutschland, mit den großen Fragen der Menschheit, gestellt vor dem Hintergrund der buddhistischen Weltsicht.

„Paul Dahlkes Buch ist eine spannende Einführung in den Buddhismus, der noch nicht den westlichen Einflüssen unserer modernen Gesellschaft unterliegt – geschrieben in einer Zeit, in der der Buddhismus in Deutschland kaum bekannt war, in der er um die Abgrenzung der „echten" Lehre zu anderen Religionen kämpfte." (Christiane Beetz, aus dem Vorwort)

www.severus-verlag.de

Bisher im SEVERUS Verlag erschienen:

Achelis. Th. Die Entwicklung der Ehe * **Andreas-Salomé, Lou** Rainer Maria Rilke * **Arenz, Karl** Die Entdeckungsreisen in Nord- und Mittelafrika von Richardson, Overweg, Barth und Vogel * **Aretz, Gertrude (Hrsg)** Napoleon I - Briefe an Frauen * **Ashburn, P.M** The ranks of death. A Medical History of the Conquest of America * **Avenarius, Richard** Kritik der reinen Erfahrung * Kritik der reinen Erfahrung, Zweiter Teil * **Bernstorff, Graf Johann Heinrich** Erinnerungen und Briefe * **Binder, Julius** Grundlegung zur Rechtsphilosophie. Mit einem Extratext zur Rechtsphilosophie Hegels * **Bliedner, Arno** Schiller. Eine pädagogische Studie * **Blümner, Hugo** Fahrendes Volk im Altertum * **Brahm, Otto** Das deutsche Ritterdrama des achtzehnten Jahrhunderts: Studien über Joseph August von Törring, seine Vorgänger und Nachfolger * **Braun, Lily** Lebenssucher * **Braun, Ferdinand** Drahtlose Telegraphie durch Wasser und Luft * **Brunnemann, Karl** Maximilian Robespierre - Ein Lebensbild nach zum Teil noch unbenutzten Quellen * **Büdinger, Max** Don Carlos Haft und Tod insbesondere nach den Auffassungen seiner Familie * **Burkamp, Wilhelm** Wirklichkeit und Sinn. Die objektive Gewordenheit des Sinns in der sinnfreien Wirklichkeit * **Caemmerer, Rudolf Karl Fritz** Die Entwicklung der strategischen Wissenschaft im 19. Jahrhundert * **Cronau, Rudolf** Drei Jahrhunderte deutschen Lebens in Amerika. Eine Geschichte der Deutschen in den Vereinigten Staaten * **Cushing, Harvey** The life of Sir William Osler, Volume 1 * The life of Sir William Osler, Volume 2 * **Dahlke, Paul** Buddhismus als Religion und Moral, Reihe ReligioSus Band IV * **Eckstein, Friedrich** Alte, unnennbare Tage. Erinnerungen aus siebzig Lehr- und Wanderjahren * Erinnerungen an Anton Bruckner * **Eiselsberg, Anton Freiherr von** Lebensweg eines Chirurgen * **Eloesser, Arthur** Thomas Mann - sein Leben und Werk * **Elsenhans, Theodor** Fries und Kant. Ein Beitrag zur Geschichte und zur systematischen Grundlegung der Erkenntnistheorie. * **Engel, Eduard** Shakespeare * Lord Byron. Eine Autobiographie nach Tagebüchern und Briefen. * **Ferenczi, Sandor** Hysterie und Pathoneurosen * **Fichte, Immanuel Hermann** Die Idee der Persönlichkeit und der individuellen Fortdauer * **Fourier, Jean Baptiste Joseph Baron** Die Auflösung der bestimmten Gleichungen * **Frimmel, Theodor von** Beethoven Studien I. Beethovens äußere Erscheinung * Beethoven Studien II. Bausteine zu einer Lebensgeschichte des Meisters * **Fülleborn, Friedrich** Über eine medizinische Studienreise nach Panama, Westindien und den Vereinigten Staaten * **Goette, Alexander** Holbeins Totentanz und seine Vorbilder * **Goldstein, Eugen** Canalstrahlen * **Graebner, Fritz** Das Weltbild der Primitiven: Eine Untersuchung der Urformen weltanschaulichen Denkens bei Naturvölkern * **Griesser, Luitpold** Nietzsche und Wagner - neue Beiträge zur Geschichte und Psychologie ihrer Freundschaft * **Hartmann, Franz** Die Medizin des Theophrastus Paracelsus von Hohenheim * **Heller, August** Geschichte der Physik von Aristoteles bis auf die neueste Zeit. Bd. 1: Von Aristoteles bis Galilei * **Helmholtz, Hermann von** Reden und Vorträge, Bd. 1 * Reden und Vorträge, Bd. 2 * **Henker, Otto** Einführung in die Brillenlehre * **Kalkoff, Paul** Ulrich von Hutten und die Reformation. Eine kritische Geschichte seiner wichtigsten Lebenszeit und der Entscheidungsjahre der Reformation (1517 - 1523), Reihe ReligioSus Band I * **Kautsky, Karl** Terrorismus und Kommunismus: Ein Beitrag zur Naturgeschichte der Revolution * **Kerschensteiner, Georg** Theorie der Bildung * **Klein, Wilhelm** Geschichte der Griechischen Kunst - Erster Band: Die Griechische Kunst bis Myron * **Krömeke, Franz** Friedrich Wilhelm Sertürner - Entdecker des Morphiums * **Külz, Ludwig** Tropenarzt im afrikanischen Busch * **Leimbach, Karl Alexander** Untersuchungen über die verschiedenen Moralsysteme * **Liliencron, Rochus von / Müllenhoff, Karl** Zur Runenlehre. Zwei Abhandlungen * **Mach, Ernst** Die Principien der Wärmelehre * **Mausbach, Joseph** Die Ethik des heiligen Augustinus. Erster Band: Die sittliche Ordnung und ihre Grundlagen * **Mauthner, Fritz** Die drei Bilder der Welt - ein sprachkritischer Versuch * **Müller, Conrad** Alexander von Humboldt und das Preußische Königshaus. Briefe aus den Jahren 1835-1857 * **Oettingen, Arthur von** Die Schule der Physik * **Ostwald, Wilhelm** Erfinder und Entdecker * **Peters, Carl** Die deutsche Emin-Pascha-Expedition * **Poetter, Friedrich**

www.severus-verlag.de

Christoph Logik * **Popken, Minna** Im Kampf um die Welt des Lichts. Lebenserinnerungen und Bekenntnisse einer Ärztin * **Prutz, Hans** Neue Studien zur Geschichte der Jungfrau von Orléans * **Rank, Otto** Psychoanalytische Beiträge zur Mythenforschung. Gesammelte Studien aus den Jahren 1912 bis 1914. * **Rohr, Moritz von** Joseph Fraunhofers Leben, Leistungen und Wirksamkeit * **Rubinstein, Susanna** Ein individualistischer Pessimist: Beitrag zur Würdigung Philipp Mainländers * Eine Trias von Willensmetaphysikern: Populär-philosophische Essays * **Sachs, Eva** Die fünf platonischen Körper: Zur Geschichte der Mathematik und der Elementenlehre Platons und der Pythagoreer * **Scheidemann, Philipp** Memoiren eines Sozialdemokraten, Erster Band * Memoiren eines Sozialdemokraten, Zweiter Band * **Schlösser, Rudolf** Rameaus Neffe - Studien und Untersuchungen zur Einführung in Goethes Übersetzung des Diderotschen Dialogs * **Schweitzer, Christoph** Reise nach Java und Ceylon (1675-1682). Reisebeschreibungen von deutschen Beamten und Kriegsleuten im Dienst der niederländischen West- und Ostindischen Kompagnien 1602 - 1797. * **Stein, Heinrich von** Giordano Bruno. Gedanken über seine Lehre und sein Leben * **Strache, Hans** Der Eklektizismus des Antiochus von Askalon * **Thiersch, Hermann** Ludwig I von Bayern und die Georgia Augusta * **Tyndall, John** Die Wärme betrachtet als eine Art der Bewegung, Bd. 1 * Die Wärme betrachtet als eine Art der Bewegung, Bd. 2 * **Virchow, Rudolf** Vier Reden über Leben und Kranksein * **Wecklein, Nikolaus** Textkritische Studien zu den griechischen Tragikern * **Weinhold, Karl** Die heidnische Totenbestattung in Deutschland * **Wellmann, Max** Die pneumatische Schule bis auf Archigenes - in ihrer Entwickelung dargestellt * **Wernher, Adolf** Die Bestattung der Toten in Bezug auf Hygiene, geschichtliche Entwicklung und gesetzliche Bestimmungen * **Weygandt, Wilhelm** Abnorme Charaktere in der dramatischen Literatur. Shakespeare - Goethe - Ibsen - Gerhart Hauptmann * **Wlassak, Moriz** Zum römischen Provinzialprozeß * **Wulffen, Erich** Kriminalpädagogik: Ein Erziehungsbuch * **Wundt, Wilhelm** Reden und Aufsätze * **Zoozmann, Richard** Hans Sachs und die Reformation - In Gedichten und Prosastücken, Reihe ReligioSus Band III

www.ingramcontent.com/pod-product-compliance
Lightning Source LLC
Chambersburg PA
CBHW061349300426
44116CB00011B/2056